Misiones Relacionales

Conceptos, Perspectivas y Prácticas que Informan las Misiones Globales

LYNNDON (LYNN) L. THOMAS

El editor de este libro es,

The Ministry Council of the Cumberland Presbyterian Church

Esta edición se publicó para Lynndon L. Thomas y el editor es responsable de la distribución de esta edición. Para obtener información sobre el permiso para reproducir esta edición (primera edición) del libro, comuníquese con:

Publication Manager,
Communications Ministry Team,
Cumberland Presbyterian Center,
8207 Traditional Place
Cordova (Memphis), Tennessee, 38016-7414.

Todo el producto de la venta de esta Primera Edición es para beneficio del Equipo Ministerial de Misiones.

El Equipo Ministerial de Misiones del Consejo Ministerial de la Iglesia Presbiteriana Cumberland es la organización sucesora de la Junta de Misiones de la Iglesia Presbiteriana Cumberland.

Financiado, en parte, por sus contribuciones a Nuestro Esfuerzo Unido.

Versiones impresas y digitales de Amazon. Traducido del inglés al español por el personal del Equipo Ministerial de Misiones. Diseño de portada de Milton L. Ortiz.

Primera Edición 2020

ISBN: 978-1-945929-29-8

DEDICACIÓN

Dedicado a los muchos misioneros Presbiterianos Cumberland que sirvieron a la iglesia fuera de los Estados Unidos desde 1857 hasta el presente.

CONTENIDO

INTRODUCCIÓN

Este libro explora conceptos y prácticas de misiones modernas desde la perspectiva de cruzar culturas para formar relaciones personales significativas y transformadoras. Las misiones relacionales implican relaciones interculturales que cambian la iglesia que envía, el misionero y el campo misionero. Creo que explorar misiones a la luz del conexionismo intercultural global abre nuevas puertas para comprender las misiones. El conexionalismo es una palabra que denota relaciones, igualdad de personas y estructuras institucionales que unen a las personas.

Misiones es un discípulo bien-estudiado del ministerio cristiano. Los académicos, investigadores y practicantes de misiones han investigado y desarrollado conceptos y prácticas que pueden usarse para misiones interculturales efectivas. Este libro analiza estos conceptos y prácticas de misión a la luz del conexionismo intercultural global, de ahí el título, Misiones Relacionales. Mi objetivo es presentar conceptos de misión modernos a la luz de la conexión relacional, produciendo así nuevas comprensiones sobre las misiones. Las misiones relacionales elevan las misiones a un nivel diferente, lo que resulta en una renovación espiritual para todos.

Este libro no busca abordar todas las teorías y conceptos de misiones, sino principalmente los que parecen ser relevantes para las misiones relacionales. Primero, este libro es para el beneficio de los misioneros, estudiantes de misiones desde la perspectiva de desarrollar relaciones con aquellos en el campo misionero. Aborda el papel y la práctica de los misioneros. Segundo, este libro es para aquellos que exploran la idea del conexionismo intercultural global. Este libro presenta conceptos que enmarcan lo que significa estar en una iglesia u organización internacional (global).

El contenido de este libro se basa en cuarenta años de experiencia trabajando como misionero y como director de misiones globales. La chispa que inició este libro fue la pasión por responder la pregunta sobre ¿qué significa ser una iglesia global, intercultural y conectada? Esta búsqueda me llevó a la Escuela de Estudios Interculturales del Seminario Teológico Fuller en Pasadena, California, y su programa de doctorado. Pude usar los estudios de doctorado en Fuller para comprender mejor la eclesiología intercultural global (el estudio de la iglesia). Mi interés en el área de las misiones relacionales globales se basó en mi experiencia como misionero y líder de misiones en la denominación Presbiteriana Cumberland.

En la década de 1980, los campos de misiones de mi iglesia expresaron que no estaban interesados en nacionalizarse y separarse de la denominación. Querían permanecer relacional y estructuralmente conectados. Querían que la Iglesia Presbiteriana Cumberland fuera una iglesia global. Este deseo expresado desde el campo misionero empujó a la Iglesia Presbiteriana Cumberland y a mí en un proceso de comprender lo que significa ser una denominación global y relacionalmente conectada.

Descubrí que la conexión intercultural global tiene un impacto en cómo los misioneros entienden su trabajo y lo que significa ser una iglesia global. Una vez que comencé a estudiar el concepto de la iglesia interculturalmente conectada, me di cuenta de que había información limitada sobre este tema. Por lo tanto, quería que este libro proporcionara información sobre ser una iglesia global y relacionalmente conectada.

Como director de misiones, creo que los nuevos misioneros (a corto y largo plazo) ciertamente necesitan este libro. También es un libro para líderes de la iglesia que desean comprender el impacto transformador que las misiones basadas en relaciones pueden tener en el campo misionero y en la iglesia emisora. Los siguientes conceptos y prácticas informarán a los estudiantes sobre las misiones globales en cuanto a nuevas formas de entender y practicar el ministerio intercultural.

Tuve la bendición de hacer mi doctorado en la Escuela de

Estudios Interculturales de Fuller avanzado en la vida. Como resultado, mis estudios enmarcaron mis años de experiencia y, por lo tanto, me ayudaron a comprender mejor esas experiencias, la base de los conceptos y prácticas que se encuentran en este libro. Estoy profundamente convencido de que el aspecto relacional intercultural de las misiones es indispensable para el éxito. Los misioneros son principalmente hombres y mujeres que se conectan con otros en relaciones significativas. Su conexión relacional es a nivel global. El objetivo de la iglesia, del mismo modo, es encontrar formas de conectarse tanto a nivel local como global. Los misioneros pueden actuar como un puente entre las culturas que ayudan a conectar a la familia global. También creo que el concepto de iglesia global es un tema que merece una mayor atención por parte de los líderes de misiones.

Este libro está dividido en tres secciones. Esas secciones se reflejan en el subtítulo del libro: Conceptos, perspectivas y prácticas que informan las misiones globales. La primera sección analiza diferentes conceptos relacionados con la motivación para realizar misiones. Esta sección enmarca la base teológica de las misiones relacionales. Si la iglesia está llamada a invertir sacrificialmente en misiones, y lo es, entonces la iglesia necesita entender por qué las misiones son importantes.[1] La intención de esta sección es presentar conceptos que justifiquen el sacrificio de la iglesia por las misiones. La segunda sección analiza diferentes perspectivas antropológicas que ayudan a los estudiantes de misiones a comprender algunas de las dinámicas sociales y relacionales de las relaciones interculturales. La intención de esta sección es obtener una perspectiva más amplia sobre el trabajo entre culturas y evitar algo de la confusión y frustración de las relaciones interculturales. La tercera sección analiza las prácticas misioneras relacionadas con la construcción de relaciones interculturales. La intención de esta sección es proporcionar a los

---

[1] El término "iglesia" se utiliza a lo largo de este libro. En los casos en que la palabra se utiliza como concepto idealista “Iglesia de Dios”, se escribe con mayúscula. Cuando la palabra se usa como institución terrenal, está en minúsculas.

estudiantes de misiones algunas herramientas que puedan usar para desarrollar relaciones significativas con personas de otras culturas.

Este libro contiene muchas citas. Los lectores que deseen realizar un estudio más profundo de las ideas de este libro encontrarán útiles las citas y la bibliografía. Las citas que usan "loc". se refieren a las ediciones Kindle del libro. La versión de Kindle (digital) utiliza números de página o números de ubicación (*location* - loc.).

SECCIÓN 1 -
LA JUSTIFICACIÓN BÍBLICA PARA LAS MISIONES

El libro de los Hechos proporciona información limitada sobre la razón por la que Pablo fue enviado al primer viaje misionero por la Iglesia de Antioquía. En Hechos 13, Lucas explica que fue el resultado de la oración y el ayuno y un "llamado" del Espíritu Santo. Los líderes de la iglesia pusieron sus manos sobre Pablo y Bernabé, y se fueron. Su primer viaje misionero consistió en ir a Chipre y luego visitar varias ciudades del Mediterráneo. El Espíritu Santo y la Iglesia de Antioquía enviaron los primeros misioneros. Predicaron la historia de Jesucristo y formaron grupos de creyentes.

¿Por qué misiones?

Mientras los misioneros han sido enviados a diferentes culturas y naciones, la iglesia ha estado tratando de explicar bíblicamente por qué la iglesia envía misioneros. Debido al sacrificio de recursos humanos y materiales, la iglesia que envía pregunta ¿por qué? Sin una razón bíblica para justificar el envío de misioneros, la iglesia encuentra difícil justificar el sacrificio.

Mucho quedaba por hacer en la Iglesia de Antioquía. Entonces, ¿por qué esta iglesia envió a sus mejores líderes a tierras extranjeras? La vida y el propósito de la iglesia se encuentran en las misiones. A través de los siglos, la iglesia ha estudiado e interpretado la Biblia para justificar misiones y misioneros. Los líderes y académicos de la iglesia, así como las reuniones ecuménicas conducidas por la iglesia, han desarrollado teorías que sientan las bases bíblicas para las misiones. En esta sección, exploramos por qué hacemos misiones.

1.1 La Trinidad como Fundamento de las Misiones

Las palabras *misión* y *misionero* no se encuentran en la

Escritura. La palabra *missio* fue adoptada por la iglesia cristiana primitiva y es la base de la palabra *misión* y *misionero*. *Missio* se funda en la palabra latina *enviar* o el *enviado*. Debido a que las misiones se basan en el verbo enviar, plantea la pregunta, ¿enviado para hacer qué? Esta es la pregunta con la que la iglesia ha luchado a lo largo de su historia: la razón teológica para hacer misiones. Con el término misiones me refiero a enviar personas para llevar a cabo el ministerio cristiano en una cultura diferente a la cultura del misionero (ver Sección 3.5). Como bien lo ilustra Hechos, los misioneros fueron a diferentes culturas y se formaron nuevos grupos de creyentes (iglesias). Uno asume, al mirar las Escrituras, que la base para las misiones es la expansión de la iglesia. A primera vista, esto parece razonable. Pero si uno mira más de cerca, ve que la expansión de la iglesia puede ser un motivo problemático para hacer misiones.

Durante diferentes períodos de la historia de la iglesia, se enviaron misioneros con el propósito de replicar su iglesia. De hecho, durante gran parte de la historia de la iglesia cristiana, el estado y la iglesia fueron instituciones asociadas en expansión. Los primeros padres de la iglesia, Agustín (400 DC) y Aquino (1200 DC) dieron a la iglesia su justificación teológica para alinearse con los poderes seculares (el estado). La esperanza para Agustín y Aquino era que la cooperación de la iglesia y el estado creara una civilización cristiana (Bosch 2011, loc. 5705). Un destacado promotor de este enfoque fue la Iglesia Católica Romana. Durante cientos de años, la Iglesia Católica Romana legitimó a diferentes estados europeos al formar asociaciones con los reyes de esos estados. Esto dio lugar al Sacro Imperio Romano, que era un poder geopolítico que consistía en estados afiliados a la Iglesia Católica Romana. Cada vez más, durante casi 1.600 años, la iglesia cristiana, en particular la Iglesia Católica Romana, se alineó con los estados y promovió la replicación de la Iglesia Romana como método de misiones. La replicación de la iglesia, entonces, fue la plantación de nuevas iglesias que eran similares a las iglesias que enviaron a los misioneros (y las iglesias del estado). Este enfoque mezcló los intereses del estado y de la iglesia en los esfuerzos misioneros. Las misiones católicas, en un número creciente de países en los primeros 1.600 años de la iglesia, involucraron la expansión de iglesias que tenían una uniformidad considerable. A menudo las misiones eran simplemente la réplica de las iglesias europeas (Wrogemann 2016, 235). La Iglesia Católica envió misioneros a todo el mundo para replicar iglesias como las de las que vinieron, el mismo idioma (latín) y los mismos rituales y símbolos.

Esta expansión de iglesia/estado resultó en dos consecuencias obvias. Primero, el control estatal se expandió en el campo misionero. Los estados querían expandir sus territorios para ganar riqueza y beneficiarse. En segundo lugar, la iglesia adoptó la perspectiva de que la cultura europea era cristiana y, por lo tanto, superior a otras culturas. La iglesia consideraba que otras culturas eran inferiores a la cultura cristiana del estado.

La separación de la iglesia del estado abrió nuevos entendimientos sobre otras culturas.

Si uno va a la plaza principal de la Ciudad de México, verá la catedral católica en el borde de la gran plaza abierta. Al otro lado de la plaza se encuentran las importantes oficinas gubernamentales de México. El estado y la iglesia ocupan la misma plaza central. Esto es cierto en toda América Latina y gran parte de Europa. A la entrada de la catedral católica hay ventanales en los adoquines que miran hacia las antiguas ruinas del Templo Azteca que había donde ahora se encuentra la iglesia. Cuando los conquistadores españoles tomaron el control de Tenochtitlan, arrasaron el Templo Azteca y construyeron una iglesia católica sobre las ruinas. Así, el estado/iglesia hizo la declaración de que España era el poder civil soberano en México, y la Iglesia Católica Romana, su compañera, era la iglesia de

México. Las dos instituciones eran inseparables.[2]

Este modelo de expansión y replicación no fue solo un fenómeno Católico Romano. Las primeras misiones protestantes también se enfocaron en expandir y replicar la Iglesia europea. La Reforma Protestante dio a los estados una forma de romper con el control romano y formar nuevas alianzas. Los estados europeos que escapaban del control romano se asociaron con las iglesias luterana y anglicana. El Sacro Imperio Romano terminó a principios de 1800 con el ascenso de Napoleón Bonaparte.

Como se señaló anteriormente, durante la Reforma Protestante, las iglesias conservaron gran parte del modelo de replicación de la Iglesia Católica. Sin embargo, hubo algunas excepciones notables, particularmente entre los Anabautistas. Estos ejemplos de la separación de la iglesia del estado abrieron nuevos entendimientos sobre otras culturas. Cuando los protestantes en las naciones europeas se separaron de la Iglesia Católica, los nobles en esos países reclamaron sus tierras para sus naciones (separándose del Sacro Imperio Romano) y adoptaron el luteranismo o el calvinismo como la identidad teológica de su iglesia (Pierson 2009, 141). La iglesia, en parte, fue utilizada como arma para luchar contra el Sacro Imperio Romano. Los anabautistas estaban incómodos con la conexión entre la iglesia y el estado, tanto católicos como protestantes. Promovieron la iglesia separada del estado (2009, 155).

Una manifestación de esta separación entre la iglesia y el estado para los anabautistas fue el rechazo del bautismo infantil. Según Paul Pierson, un profesor y misionero presbiteriano, el rechazo anabautista del bautismo infantil fue también un rechazo al uso del bautismo como una forma de afiliación estatal (Pierson 2009, 154). Durante siglos, el bautismo se usó como inclusión

---

[2] Sería simplista argumentar que la Iglesia Católica Romana hizo más daño que bien al reemplazar y reproducir las religiones no cristianas con el cristianismo. Por el contrario, Vergilio Elizondo explica que la población indígena de México estaba cansada de sus dioses despiadados y de los sacrificios humanos. Dieron la bienvenida al Dios amoroso que presentaron los españoles (Elizondo 1975, 120–21).

tanto en la iglesia como en el estado. Ser bautizado como un bebé fue la inclusión del niño en la comunidad civil. Por tanto, el sacramento tenía aspectos seculares. Cuando los anabautistas rechazaron actos como el bautismo infantil como un medio de afiliación estatal, señalaron su separación del estado y sus valores. La posición antiestatal de los anabautistas (por ejemplo, los Moravos), también proporcionó una razón para el aprecio cultural (Wrogemann 2016, 163). Vieron el estado como defectuoso, y esto permitió al anabautista considerar que otras culturas podrían no necesitar occidentalizarse para ser cristianas.

Desde el siglo IV al XVIII, la iglesia se identificó con la cultura occidental y la cristianización y occidentalización del mundo. Por lo tanto, esta era se clasificó como la era de la cristiandad (Ott, Strauss, and Tennent 2010, 168). Una de las consecuencias no deseadas fue que el estado usó a la iglesia de manera dañina y usó a la iglesia para ocultar planes corruptos. Como resultado, la iglesia se convirtió en cómplice de la opresión estatal de los pueblos indígenas (Wrogemann 2016, 235). La iglesia enterró otras culturas bajo lo que se consideraba estados superiores y sus culturas. La cristiandad era coherente con la idea de Agustín y Aquino de que el estado y la iglesia, en asociación, podían expandir tanto el estado como la iglesia y civilizar y cristianizar el mundo. La intención de Agustín y Aquino era cristianizar, pero la tendencia era que la iglesia/estado en asociación practicara el dominio occidental.

El modelo de la cristiandad - devaluar otras culturas.

Los Moravos, un grupo de anabautistas que se originaron en Europa, se centraron en la conversión personal (2016, 255). Su enfoque era enviar misioneros con vocación y permitirles ganarse la vida con esa vocación. En ese contexto, evangelizaron y desarrollaron iglesias que no estaban conectadas a una iglesia estatal más grande. Las iglesias misioneras resultantes que desarrollaron eran indígenas, lo que abrió la puerta para la aceptación de una iglesia culturalmente diversa. Este respeto anabautista por otras culturas fue una de las primeras expresiones protestantes de misiones que demostraron un aprecio por el cristianismo en otras formas culturales (Bosch 2011, loc. 6116).[3]

El modelo de la cristiandad, que, de una forma u otra, tuvo una fuerte influencia en la iglesia y su misión durante gran parte de la historia de la iglesia, devaluó otras culturas. Según Pierson, si el campo misionero se había vuelto culturalmente occidental y sumiso, se pensaba erróneamente que estaba cristianizado (2009, 34). Se supuso que las culturas no occidentales eran inferiores. El modelo de la cristiandad privó a la iglesia de una razón para ser culturalmente diversa. Y lo peor de todo, a veces, convirtió a la iglesia en una herramienta de coerción (Pocock, Van Rheenen, and McConnell 2005, loc. 3195).

Brad Harper y Paul Metzger, ambos profesores de teología estadounidenses, sostienen que el modelo de la cristiandad frustra el poder transformador de la iglesia al insistir en imponer formas culturales, en oposición al evangelio (2009, 255). Además, este modelo disminuye la diversidad cultural en la iglesia al asumir que una forma cultural del cristianismo es superior a otras formas culturales del cristianismo. La idea de que una cultura es superior a otra cultura se llama "etnocentrismo".

La iglesia cristiana primitiva tenía la tendencia a rechazar otras culturas como inferiores e insistió en que cuando las personas en el campo misionero llegaran a la fe en Jesucristo, tendrían que rechazar los estilos y perspectivas de su cultura. Otro problema que creó este modelo cristiano fue la idea de que la iglesia puede imponerse a cualquier grupo de personas y obligarlas a conformarse. Esta inclinación a dominar fue una consecuencia de las asociaciones estatales y de la iglesia, y fue la táctica del estado. El estado tenía la capacidad a través de sus ejércitos y sistemas

---

[3] Wrogemann explica que los jesuitas establecieron un sistema de "reducciones" que estaban lejos de los asentamientos españoles. Estos eran protectorados, comunidades indígenas y las autoridades civiles tenían prohibido ingresar a estas comunidades. Habitualmente había dos sacerdotes jesuitas que vivían en estas comunidades. Este era un modelo indígena que la iglesia católica romana practicó en el siglo XVIII. (Wrogemann 2016, 239).

judiciales de imponer la lealtad estatal y la conformidad religiosa. La iglesia fue influenciada para pensar de la misma manera. Por lo tanto, la iglesia estaba usando su poder para imponer la voluntad de la iglesia en beneficio de la iglesia institucional.

Cuando la iglesia existe únicamente para servirse a sí misma, está practicando el "eclesiocentrismo". El modelo de la cristiandad tiene estas dos tendencias desafortunadas: devalúa otras culturas como inferiores e insiste en que la iglesia institucional sea servida y apoyada como institución.

Los primeros misioneros protestantes, para su crédito, plantaron iglesias en el idioma de la gente del campo misionero. Sin embargo, el vestido, la arquitectura, la música, los rituales y los símbolos a menudo se replicaban desde el país de origen del misionero, y el misionero y su iglesia emisora controlaban las iglesias en el campo misionero. Incluso cuando la conexión organizativa de la iglesia misionera con la iglesia emisora era débil, los misioneros tendían a usar un control fuerte. Los misioneros creían que abogaban por una cosmovisión cristiana, una que trascendía la cultura y no se daban cuenta de que lo que a menudo hacían era replicar su cultura (Bosch 2011, loc. 10895). Los líderes de misiones más tarde se dieron cuenta de que las "misiones" eran la iglesia de Europa, expandiendo tanto la iglesia como Europa (2011, loc. 5689). Poco a poco se hizo evidente para los líderes de misiones que la iglesia a menudo enviaba misioneros que replicaban la iglesia y la cultura occidentales. Estos misioneros, a menudo con las mejores intenciones, estaban imponiendo estilos, valores y costumbres occidentales en la iglesia misionera. Como consecuencia, el evangelio fue visto a menudo como extraño y, a veces, no relacionado con los de otras culturas.

> *Eclesiocentrismo: la iglesia existe únicamente para servirse a sí misma.*

Al pensar en estrategias de misiones, es importante evitar el etnocentrismo. Misiones no está estableciendo puestos de avanzada culturales que promuevan las normas de una cultura extranjera como normas "cristianas". Estas expresiones culturales extranjeras, vestidas como "cristianas", no son relevantes para el campo misionero, ni son bíblicas. El Nuevo Testamento muestra el mismo error en la iglesia del primer siglo. Este malentendido se ve en el caso del debate judío y gentil del Nuevo Testamento. Como lo demuestra Hechos, la iglesia del primer siglo resolvió rápidamente este debate a favor de evitar una forma cultural como la cultura para todas las iglesias cristianas. Los gentiles no tenían que convertirse en judíos para ser cristianos.

El tema de las misiones y el etnocentrismo puede ser sutil. La expansión de la iglesia occidental, tanto católica como protestante, produjo iglesias que eran cristianas y occidentales. El resultado fue que las iglesias que se plantaron podrían ser culturalmente extrañas por su contexto cultural. Eran una mezcla de fe y cultura extranjera. A menudo, la iglesia de las misiones estaba en las normas culturales occidentales vestidas con jerga cristiana. Como resultado, el misionero y la iglesia emisora podían fácilmente creer que eran iglesias ortodoxas. Se veían muy similares a la iglesia emisora. Pero esto limitó el atractivo y el impacto del evangelio en el mundo.

Hechos muestra cómo el evangelio movió cultura a cultura y nación a nación. El cristianismo prospera cuando no se limita a la expresión del cristianismo de una cultura (Pocock, Van Rheenen, and McConnell 2005, loc. 2613). Una forma cultural particular del cristianismo que puede disminuir otras culturas debilita el evangelio.

El otro desafío para las misiones es la tentación de ser eclesiocéntrico. Los líderes de la iglesia pueden caer en la trampa de expandir su institución, pensando que están expandiendo la iglesia. Algunos críticos del movimiento de crecimiento de la iglesia, desarrollado por primera vez en la década de 1980, expresan su preocupación de que el crecimiento numérico sea una forma de eclesiocentrismo.

Los líderes del movimiento de crecimiento de la iglesia, Donald McGavran y Peter Wagner, entendieron la plantación de iglesias como una herramienta para la evangelización. Plantar iglesias era un medio para un fin. La expansión y el crecimiento de la iglesia era simplemente un método de evangelismo y crecimiento numérico (Paas 2016, 38–40). Peter Wagner admitió que el crecimiento de la iglesia no se construyó alrededor de una teología; se construyó alrededor del fenómeno de que el evangelismo produjo iglesias (Wagner 1987, 38). Wagner luego admitió que el movimiento de crecimiento de la iglesia no había escuchado las primeras críticas sobre el crecimiento como el único objetivo. Los promotores del crecimiento de la iglesia erróneamente habían hecho parecer que el crecimiento de la iglesia era solo un proceso que podía hacer crecer una iglesia (Wagner 1994, 61–62).

Estos líderes de crecimiento de la iglesia vieron este proceso en acción con el primer viaje misionero que se encuentra en Hechos 13. Pablo y Bernabé fueron enviados como misioneros de la Iglesia de Antioquía y evangelizaron, formando más iglesias que hicieron lo mismo. Los líderes de crecimiento de la iglesia observaron objetivamente que la plantación de iglesias era la herramienta más efectiva para evangelizar. Creían que establecer nuevas iglesias era el mejor medio para evangelizar una comunidad o una nación. La plantación y el crecimiento de iglesias, como herramienta para la evangelización, fue más eficaz que otros métodos de evangelización. Los líderes de crecimiento de la iglesia vieron que las iglesias producen creyentes. Entonces, asumieron que el evangelismo proporcionó la razón para plantar iglesias en todo el mundo. Otros líderes de la iglesia han argumentado que la iglesia es más que simplemente evangelismo y crecimiento. El profesor de misiones del Seminario de Princeton, Darrell Guder, señaló que es simplista creer que la plantación de iglesias es simplemente una herramienta de evangelismo (2000, 190–91). Plantar iglesias principalmente como una herramienta para el evangelismo es como mirar a través de una ventana a una cadena montañosa; Es una vista limitada y se pierde el panorama general. Según Wagner, un líder de crecimiento de la iglesia, finalmente también él se dio cuenta de esta limitación.

Como estudiante de seminario a principios de la década de

1980, tuve el privilegio de aprender con Peter Wagner en el Seminario Teológico Fuller. Wagner a menudo dijo que, si uno aplica los principios de crecimiento de la iglesia a una estación de servicio de gasolina, también crecerá. La implicación fue que los métodos seculares, o herramientas prácticas, pueden usarse para producir iglesias nuevas y en crecimiento. Por lo tanto, es fácil concluir, como muchos lo han hecho, que las misiones son la plantación de iglesias, y la plantación de iglesias es un método efectivo de evangelismo. El movimiento de crecimiento de la iglesia, enfocándose en los mejores métodos de crecimiento de la iglesia (evangelismo), explicó bajo qué condiciones una iglesia podría ser plantada y crecer. Pero el movimiento de crecimiento de la iglesia fue criticado por ser demasiado pragmático y demasiado simplista (Paas 2016, 40).

La iglesia es más que evangelismo, y el evangelismo es más que crecimiento numérico.

La iglesia es más que evangelismo, y el evangelismo es más que crecimiento numérico. El movimiento de crecimiento de la iglesia McGavran/Wagner fue útil, pero podría interpretarse erróneamente como la razón principal de las misiones. El crecimiento de la iglesia, aunque útil, lleva a las personas a creer que las misiones se limitan al crecimiento. Si las misiones son solo acerca de la plantación y el crecimiento de iglesias, puede convertirse en una forma de eclesiocentrismo. El evangelismo puede tener motivaciones equivocadas como una forma para que la iglesia crezca y se beneficie. Como se observó en la historia, algunos líderes de la iglesia cayeron en la trampa de usar la iglesia en expansión y su poder en expansión por razones egoístas. Los primeros movimientos ecuménicos protestantes (es decir, diferentes denominaciones reunidas) de principios del siglo XX afirmaron la idea protestante predominante de que las misiones, en esencia, eran eclesiológicas (centradas en la iglesia) (Newbigin and Weston 2006, loc. 1358).

La Primera Guerra Mundial creó la crisis teológica que obligó las misiones a una nueva y diferente comprensión teológica. Las naciones cristianas en guerra, naciones que habían promovido la expansión de sus iglesias estatales, fueron sacudidas por lo que había sucedido (Wrogemann 2016, 362). La cultura occidental estaba lejos de ser noble. Podía ser sanguinaria. La expansión de los imperios y sus iglesias estatales, que resultó en una guerra mundial entre naciones cristianas, creó incertidumbre sobre el papel de la iglesia. El vínculo de la iglesia con las culturas occidentales y los estados occidentales, en el contexto de la expansión del estado imperial, hizo sospechosa la expansión de la iglesia. Cuando la iglesia en un país está enviando a sus soldados cristianos con oraciones para pelear batallas contra otros cristianos cuyas iglesias han hecho lo mismo, uno sabe que algo anda mal.

Después de la Primera Guerra Mundial y como resultado del teólogo Karl Barth, un teólogo suizo, la doctrina de la Trinidad se presentó por primera vez como base para las misiones (Bosch 2011, loc. 9448). El motivo de las misiones, en este punto, comenzó a cambiar a la doctrina de la Trinidad. Como mostró la historia, la expansión de la iglesia tuvo la tentación de priorizar el poder del estado y la conformidad cultural, expandiendo la cultura occidental. También tendía a hacer de la iglesia un servidor de las ambiciones humanas, promoviendo lo que los humanos sentían que era importante.[4] La cultura occidental había demostrado, al librar guerras mundiales, estar por debajo de buen ejemplo cristiano que el mundo necesitaba. La era de la cristiandad había terminado. El sueño de Agustín y Aquino de que los estados avanzaran hacia el Reino de Dios era erróneo. Eso fue ciertamente lo que los teólogos y líderes de misiones occidentales

---

[4] El movimiento de crecimiento de la iglesia es un ejemplo moderno de la tentación de priorizar a la iglesia como la razón de las misiones. Los críticos del movimiento de crecimiento de la iglesia explicaron que la expansión de la iglesia tenía que ser más que estrategias de crecimiento numérico.

llegaron a darse cuenta.[5]

El cambio crítico en la doctrina de las misiones se produjo cuando los teólogos y los líderes de las misiones se dieron cuenta de los problemas de la expansión de la iglesia. Su solución fue enfocarse en la Trinidad, no en la iglesia. La razón bíblica para hacer misiones comenzó a cambiar en el siglo XX. En la década de 1960, los líderes misioneros habían solidificado la Trinidad como el motivo de las misiones. Uno de los líderes de las misiones de la doctrina de la Trinidad fue un teólogo británico y misionero en India, Leslie Newbigin (Ott and Netland 2006, 66). Newbigin se basó en las ideas trinitarias de Carl Barth y escribió un libro influyente sobre misiones llamado *Doctrina Trinitaria para las Misiones de Hoy* (Newbigin 2006).

"La misión de la iglesia debe ser entendida, y solo se puede ser correctamente entendida, en términos del modelo trinitario" (Ott and Netland 2006, 66). Newbigin reconoce que Jesucristo es enviado de nuevo al mundo a través de la iglesia por el Espíritu Santo. Así, a través de la Iglesia, Cristo sigue viniendo al mundo (2006, 53). La Deidad es una comunidad de envío. El Padre envió a su Hijo y al Espíritu Santo y a la Iglesia. El relato del primer viaje misionero de Hechos 13 sirve como prueba. El Espíritu Santo envió a Pablo y Bernabé. La Iglesia de Antioquía, guiada por el Espíritu Santo, impuso las manos sobre dos de su grupo y los envió como misioneros. Como comunidad dirigida por el Espíritu Santo, la Iglesia de Antioquía envió misioneros a Chipre. Dios es el creador de las misiones, y Dios se envía a sí mismo, profetas, ángeles y líderes de Dios al mundo para cumplir los propósitos divinos de Dios. Sobre todo, Dios envía al Hijo amado de Dios y al Espíritu Santo. Dios es una comunidad en comunión. En la década de 1960, en reuniones ecuménicas como el Consejo Mundial de Iglesias, los líderes de las misiones formalizaron la idea de que el

---

[5] Las iglesias y sus estados socios no se separaron después de la Primera Guerra Mundial. En cambio, estas entidades explotaron en denominaciones no alineadas, iglesias independientes y sociedades misioneras que eran independientes del patrocinio estatal o la afiliación denominacional. Sin embargo, todavía existen iglesias estatales en algunos países.

fundamento de las misiones se basa en la Trinidad (Newbigin and Weston 2006, loc. 1358). Como resultado, la iglesia ahora envía misioneros con el propósito de seguir los pasos de Dios y extender la misión de Dios al mundo.

Misiones es el resultado de la Trinidad. La Trinidad y las misiones están entrelazadas y son inseparables. La Palabra del Padre (Jesús) fue enviada y entró en la historia de la humanidad, así como el Espíritu de la Palabra (Rahner 1997, 48). Jesús no es solo una revelación parcial al mundo sobre Dios; Jesús es la revelación completa. El amor de Dios fue enviado y se comprende plenamente en el Hijo de Dios y en el Espíritu del Hijo (1997, 100–103). El acto de Dios enviando la Palabra (la revelación que se encuentra en Jesucristo) cambió el mundo. La Palabra fue la revelación de Dios acerca de Dios. El teólogo católico brasileño Leonardo Boff, mirando hacia atrás al padre de la iglesia primitiva Tertuliano (240 d.C.), propone que el Padre, el Hijo y el Espíritu Santo son la Iglesia. Son una familia y una comunidad (Boff 2000, 43). El padre de la iglesia del siglo IV, Tertuliano, declara: "Donde hay tres, es decir, el Padre, el Hijo y el Espíritu Santo, está la Iglesia, que es un cuerpo de tres" (Tertullian 2016, 253). Y como familia, el Padre envía a su amado (Hijo, Espíritu, Iglesia) al mundo. La Deidad es un ejemplo de lo que será la iglesia. Es una comunidad de amor que envía a su amada a compartir amor y ofrecer conexión relacional. La conexión relacional es posible a través de Jesucristo y la reconciliación.

La Deidad es un ejemplo de lo que debe ser la iglesia.

La Trinidad estableció el entendimiento de que la salvación se encuentra en la relación. La salvación no puede ocurrir sin una conexión relacional con Dios (Newbigin 1995, loc. 960). El Padre, el Hijo y el Espíritu Santo demuestran cómo el amor mutuo resulta en compartir ese amor con los quebrantados y los que sufren. El Dios que ama envía el yo de Dios (Palabra y Espíritu) para mostrar el amor de Dios a la creación de Dios (Kenzo 2010, 5). El amor de Dios exige el acto de enviar. El Espíritu de Dios envía a la Iglesia de la misma manera que un padre envía a los rescatistas al bosque para encontrar a un hijo perdido y amado. El amor exige el envío. Si no hubiera amor, entonces no habría envío. La consecuencia de la comisión de la Trinidad es que las misiones conducen a la expansión, no de la iglesia, sino de conexiones relacionales. Cuando las misiones se enfocan solo en la expansión y el crecimiento de la iglesia, se pierde la intención de las misiones, que es el amor realizado en las relaciones. El evangelismo es una expresión del amor de Dios; y para ser auténtico, requiere una conexión relacional.

El Padre, en el bautismo de Jesús, declara que Jesús es Su Hijo (Mateo 3: 13-17). Más tarde, Pablo anuncia que el Espíritu Santo es un Espíritu de adopción (Romanos 8:15), que reside en los corazones de los hombres y mujeres que profesan a Jesucristo. El Espíritu Santo trae al creyente a la familia. La creación de Dios es redimida por Cristo y vuelve a estar en comunión con su Creador y con otros creyentes. Lo que la Deidad comenzó con la revelación de la Palabra de Dios, la Iglesia continúa siendo enviada por el Espíritu Santo. La motivación de la iglesia para las misiones es la misma que la motivación de Dios para enviar a su Hijo. Es amor. Agustín, uno de los teólogos de la iglesia primitiva, declaró: "No hay amor donde nada se ama" (2014, 195). El amor nunca se da en la soledad; requiere relaciones. El Padre, el Hijo y el Espíritu Santo tienen una comunión de amor, y ese amor lo expresa la iglesia. La iglesia construye comunidades. Las misiones de base trinitaria son expansión y conexión relacional. La iglesia está en la misión de rescate de Dios. La iglesia está enviando a su amada y reuniendo a los perdidos en la familia. Es recuperar lo amado y perdido. Hay un proceso continuo de envío y reunión de personas en comunión. Las misiones no son solo un medio para hacer crecer la iglesia; misiones es un medio para rescatar la creación y traerla de vuelta a la familia.

Las misiones son un medio para rescatar la creación y traerla de vuelta a la familia.

En Juan 14, Jesús les explica a sus discípulos que iba a la casa de su Padre para preparar un lugar para sus discípulos. Jesús luego explica que regresará para traer a sus discípulos a este nuevo lugar. Los discípulos preguntan si pueden ir con él en ese momento. Entonces Jesús explica que el camino al Padre es conociendo al hijo de Dios, Jesucristo. Jesús luego agrega que él está en el Padre y el Padre está en él, y todo lo que los discípulos pidan en el nombre de Cristo, Jesucristo lo hará para que el Padre sea glorificado por lo que Jesús hace (Juan 14: 1-12). Estos versículos crean una conexión relacional y familiar. El Padre, el Hijo y los seguidores del Hijo son una familia, interconectados y dependientes el uno del otro. Jesús explica que la meta es la unión. Y a través de la unión, todos compartimos la gloria y el poder de los demás.

El sacerdote católico vietnamita Van Nam Kim explica cómo la teología trinitaria es limitada cuando se ve desde una perspectiva psicológica y no desde una perspectiva sociológica. La autoconciencia es la base de la comprensión psicológica (Kim 2014, 49–52). La Trinidad, explica Kim, no es psicológica, que es "para" y "con" el uno con el otro. La Trinidad está "en" el otro, por lo tanto, sociológica. La implicación, explica Kim, es una relación de *pericoresis* (una palabra griega utilizada en el Concilio de Nicea del siglo IV para explicar cómo la Deidad se relaciona entre sí) donde el grupo se contiene e interpreta entre sí en el contexto de ser diferente (2014, 51). Kim amplía esto para decir que Dios crea una comunidad con esta característica de *pericoresis*. Él ilustra esto en las Escrituras: "para que todos sean uno. Padre, así como tú estás en mí y yo en ti, permite que ellos también estén en nosotros, para que el mundo crea que tú me has enviado" (Juan 17:21 NIV). De ello se deduce que, en la relación, adquirimos algo unos de otros en la comunidad y nos convertimos en más que nosotros mismos. C.S Lewis proporciona textura a este concepto explicando que, en la relación de la Deidad, se encuentra una nueva persona; el grupo desarrolla su propia personalidad comunitaria (2003, 175). Esto refuerza la idea de que interactuar con otros produce algo más grande de lo que somos individualmente.

El concepto de *pericoresis* tiene su origen con los padres de la

Iglesia de Capadocia (Cesarea) (Artemi 2017, 22–23) que participó en el Concilio de Nicea que formó la doctrina de la Trinidad en el 325 D.C. (Davis 1988, 59). Eirini Artemi, profesora de griego bíblico, explica que el origen de esta palabra griega se encuentra en la idea estoica de estar mezcladas, pero las cosas mezcladas conservan su identidad (2017, 21). Sobre la base de las obras de los padres de la Iglesia de Capadocia, Artemi explica que la *pericoresis* tiene que ver con el hecho de que hay tres personas en la Deidad, con roles distintos. Cada persona es única, "pero indisolublemente idéntica en lo que era, es decir, verdaderamente divina" (2017, 22). Uno de los padres de Capadocia, Basilio (Basilio el Grande de Cesarea) lo expresa de esta manera, "Hay un Dios y Padre, un Unigénito y un Espíritu Santo. Proclamamos cada una de las hipóstasis individualmente; y, cuando debemos contar, no dejamos que una aritmética ignorante nos lleve a la idea de una pluralidad de dioses " (Basilius of Caesarea 1895, XVIII, 44). Las tres personas habitan la una en la otra - "inter habitadas" (Artemi 2017, 26). "La noción básica es que las tres personas de la Trinidad comparten mutuamente la vida de las demás, de modo que ninguna se aísla ni se separa de las acciones de la otra" (McGrath 1995, 404). El teólogo suizo Karl Barth explica que el tres en uno es en realidad una repetición del Uno. Así, Dios, en tres modos distintos, le revela simultáneamente a la humanidad, quién es Dios (Barth and Johnson 2019, 132). Este concepto explica cómo Dios en tres personas (no individuales) puede enviar la revelación de Dios al mundo para reconciliarlo con Dios. La idea de habitar en nosotros explica la naturaleza de Dios como Uno y cómo los tres en comunidad, ofrecen su comunidad a la humanidad. La humanidad está invitada a ser una en Cristo y una con los demás.

El marco de la Trinidad alejó a la iglesia de la tendencia de la iglesia a practicar la replicación institucional y el colonialismo estatal. La Iglesia no se trata de sí misma, haciendo lo que quiere hacer; se trata de la misión de Dios. La Iglesia es un templo viviente que honra a Dios imitando a Dios. Los teólogos Brad Harper y Louis Metzger explican que hay dos dinámicas ministeriales que se encuentran en la iglesia. Uno, la iglesia se esfuerza por compartir a Cristo y servir a todas las personas. Esta es la iglesia que proyecta el amor de Jesucristo a los que están fuera de la iglesia. Dos, la iglesia es una comunidad de creyentes que se sirven unos a otros (Harper and Metzger 2009, 155). La iglesia tiene dos círculos y cada círculo es una expresión de amor. La iglesia se ocupa de su familia inmediata, el círculo íntimo; y la iglesia se preocupa por aquellos que no son parte de la iglesia. El círculo íntimo es el amor en comunidad relacional, similar a una familia. El círculo exterior expresa amor a través de actos de servicio y bondad hacia los no creyentes. A menudo se ha malinterpretado a las misiones como un círculo exterior. En realidad, las misiones son parte del círculo interno. Es aceptar a otros creyentes que son diferentes a nosotros en nuestra familia/comunidad. Las misiones son una expresión profunda del amor de Dios porque incluye a personas culturalmente diferentes a nosotros en nuestra familia.

El evangelismo da como resultado comunidades de fe nuevas y únicas, pero evangelizamos con el propósito de seguir los pasos de Dios: un remitente y un salvador. Nos estamos dando a nosotros mismos, como Dios se dio a sí mismo. La iglesia, como comunidad, envía como un acto de amor sacrificial, de la misma manera que Dios envió al Hijo y al Espíritu de Dios como un acto de amor. Las misiones para la iglesia cuestan y duelen. La iglesia envía y se sacrifica. Pablo y Bernabé no eran los líderes débiles de la Iglesia de Antioquía. Estaban entre los mejores líderes. Debido al amor de Dios por la creación de Dios, el Espíritu Santo llamó a Pablo y Bernabé. Debido a que la Iglesia de Antioquía imitó el amor de Dios, la Iglesia los envió. La iglesia respondió al Espíritu Santo enviando en sacrificio a los suyos para cumplir la misión de Dios. Así como Dios envió al yo de Dios, Su Palabra y Su Espíritu. Como demuestran Hechos y las cartas de Pablo, a medida que la iglesia se expandía, también se conectaba. La Iglesia de Antioquía estaba enviando misioneros y, a través de esos misioneros, estaba formando conexiones relacionales con otros cristianos en otras ciudades y países. La Iglesia de Antioquía no era una iglesia local aislada; era una iglesia conectada globalmente.

El Reino de Dios venidero, naciones reunidas en comunión (Apocalipsis 7: 9-10), es la imagen de la Trinidad. La Trinidad se experimenta aquí y ahora a través de la iglesia en misiones. Las misiones permiten que la iglesia experimente la diversidad y el compañerismo, tanto a nivel local como internacional. Las misiones trinitarias fomentan la salvación basada en la fe en Jesucristo e incluyen la conexión relacional del Espíritu Santo. Se podría argumentar que el discipulado es aprender a relacionarse mejor con Dios y con los demás. La conexión relacional, con Dios y con los demás, es la misión de la Iglesia de Dios. Newbigin agrega que si nosotros, como Iglesia, proclamamos a Cristo como reconciliación y, sin embargo, la Iglesia está dividida en campos culturales, desacredita el testimonio de la Iglesia. El mundo ve a la iglesia como diversa y separada (Newbigin and Weston 2006, loc. 1280). Newbigin explica que la salvación proviene de la conexión relacional, en particular un vecino, un mensajero que Dios envía (1989, 83). Las misiones es una experiencia de conexión relacional como expresión de la Trinidad y como medio de salvación humana. La misión de la iglesia es demostrar el poder de Dios para sanar y reconciliar al reunir a la familia intercultural de Dios, el motivo de las misiones.

La misión de la iglesia es demostrar el poder de Dios para sanar y reconciliar al reunir a la familia intercultural de Dios.

En una reunión a la que asistí en Asia entre líderes de iglesias asiáticas, los líderes japoneses comenzaron la reunión con una disculpa a los chinos y coreanos presentes. Pidieron a los no japoneses que asistieron que los perdonaran por lo que Japón había hecho a principios del siglo XX. Japón fue una potencia imperial que oprimió y asoló tanto a Corea como a China. Esta reunión intercultural, donde los participantes reconocieron a los miembros del grupo como su familia de la iglesia, buscó el perdón por los pecados del pasado. Este encuentro internacional y las conversaciones que tuvieron lugar demostraron el amor y el poder de Dios que se vieron en las palabras y actos de reconciliación dentro de ese grupo internacional.

Si nuestro motivo para las misiones es una extensión de la Trinidad, estamos enfocados en las conexiones relacionales divinas y humanas. El evangelio no es solo un conjunto de formas y normas culturales. Es una hoja de ruta hacia la reconciliación. En el libro *La misión del Dios Triuno*, Adam Dodds explica que Jesús no dejó un código escrito infalible ni reglas sobre la forma correcta de administrar los sacramentos. Lo que Jesús dejó atrás fue una confraternidad (Dodds 2017, 24). La confraternidad es una familia global que es guiada por el Espíritu Santo. Misiones proporciona las relaciones que nos cambian; las reglas no nos cambian.

La Trinidad aparta la justicia de las reglas y la acerca a la reconciliación y las relaciones.

Cuando un líder religioso le pidió a Jesús que identificara la regla más importante que los piadosos deberían seguir, su respuesta fue relacional. Señaló que amar a Dios y amarnos unos a otros es el estándar de piedad (Mateo 22:37). La Trinidad aparta la justicia de las reglas y la acerca a la reconciliación y las relaciones. Cuando la iglesia proclama a Cristo en el mundo, la iglesia está compartiendo un mensaje de reconciliación. El evangelio viene a abordar el pecado, que son relaciones rotas. A través de Cristo, la creación se reconcilia con Dios, y el Espíritu Santo la faculta para la comunión. La rectitud se basa en relaciones amorosas, y el poder de Dios se ve en cómo la iglesia construye una comunidad a través de las fronteras culturales y étnicas. El hecho de que los cristianos japoneses, coreanos y chinos puedan unirse como una familia en una reunión denominacional expresa al mundo el poder de Dios para cambiar la humanidad.

Las misiones etnocéntricas y eclesiocéntricas pueden destruir otras culturas. Las misiones trinitarias forman comunidades multiculturales que honran a Dios y promueven el amor intercultural entre ellos. Valora el idioma y la cultura de las personas en el campo misionero. Es una comunidad de amor que envía para que otros puedan experimentar una comunidad de amor. Misiones está formando una comunidad cristiana indígena que se incluye en la familia cristiana mundial. Esto no es lo mismo que formar un puesto de misión que fuerza la conformidad cultural en nombre de la unidad de la iglesia.

Pasé un verano como misionero interino con los indios Wayana de Surinam, América del Sur, en la década de 1970. Estaban vestidos a la manera normal de la jungla tropical. Llevaban taparrabos, tanto hombres como mujeres, y eso era todo. Los misioneros que vivían en una de las aldeas compartieron con éxito el evangelio y muchos indios vinieron a Cristo. Los cristianos construyeron un lugar de reunión con techo de paja con bancos de madera y piso de tierra. Se parecía mucho a las casas de los indios en la jungla, solo que más grande. Los cristianos Wayana que asistían a la reunión usaban sus típicos taparrabos, los que usaban todos los días. Era una iglesia en sin camisas/blusas. Cantaron canciones cristianas en su idioma, a menudo sin instrumentos. No eran muy emocionales en su adoración (típico de su cultura), y escucharon respetuosamente la Palabra de Dios predicada por los misioneros y líderes de la iglesia Wayana. Compartieron sus propias historias sobre su fe en Jesucristo. Esta no era una iglesia occidental replicada. Sin embargo, era una iglesia relevante que tenía sentido en el contexto de este pueblo. Como joven misionero interino en su servicio de adoración, escuché testimonios traducidos de los líderes Wayana. Compartieron historias en su iglesia sobre sus viajes río arriba y río abajo para compartir el evangelio con otras tribus en otras aldeas de la selva.

Los cristianos aprecian y respetan la diversidad cultural como signo del amor reconciliador de Dios.

Ellos estaban enviando y conectándose.[6]

Al enfocarnos en la Trinidad, avanzamos hacia una comprensión del evangelismo, que es enviar y formar relaciones. La Trinidad implica una historia no contada. Existe una relación amorosa dentro de la Deidad que es anterior a la creación. Ese compañerismo amoroso inspiró el acto de la creación. Cuando la creación cayó en el quebrantamiento relacional, Dios expresó el amor de Dios por la creación, enviando. El evangelio explica la intención de Dios y la extensión del amor de Dios a través del Hijo, el Espíritu Santo y la iglesia. Por lo tanto, el evangelismo no es solo arrepentimiento, creencia y transformación. También incluye humildad, reconciliación y comunidad. Así, la evangelización produce una comunidad que es testigo de la transformación de Cristo. Los cristianos rechazan una fe que se vive con orgullo y aislamiento. Y el evangelismo auténtico no crea iglesias que vivan aisladas de todas las demás iglesias del mundo.

La comunidad envía a sus miembros amados y valiosos al mundo, así como la Deidad envió a los miembros amados de la Deidad. El concepto es Dios enviando sacrificialmente. Dios envió el Espíritu de Dios que se movió sobre las aguas en la creación y creó (Génesis 1: 2). Dios amó lo creado; fue bueno (Génesis 1:31). Cuando el pecado fracturó las relaciones entre la humanidad y Dios, Dios amó tanto al mundo (la creación), que Dios el Padre envió a su Hijo amado (Juan 3:16). Este entendimiento permite que la iglesia y sus misioneros se den cuenta de que están

---

[6] Dos años después de mi regreso de mi internado indígena Wayana, la revista National Geographic hizo un artículo sobre esta tribu. Las fotografías de indios en la revista eran personas que conocía; algunos eran líderes de la iglesia. La revista no mencionó a la comunidad cristiana. Tristemente glorificó el abuso de niños. Algunos wayanos practicaban la costumbre tribal de picar a los niños con avispas/hormigas como un rito cultural de iniciación que debía conservarse. El escritor declaró de manera simplista: "Al menos una costumbre aquí permanece sin cambios y constituye una fuerza poderosa para preservar la identidad cultural del grupo" (DeVillers 1983, 82). Los cristianos wayana habían denunciado los rituales de picadura de avispas y no participaron en ellos después de llegar a la fe en Cristo. Como cristianos, todavía eran indios Wayana, pero como cristianos se negaron a abusar de los niños.

haciendo algo mucho más grande que la expansión de la iglesia. La iglesia que envía es un participante de la Deidad. Son comunidades que envían a sus seres queridos al mundo para formar comunidades de adoración y amor (Ott and Netland 2006, 75). Es, en realidad, un nuevo Reino de diversas tribus, lenguas y culturas en unidad. Debido a que los cristianos aprecian y respetan la diversidad cultural como un signo del amor reconciliador de Dios, la iglesia se convierte en una plataforma para la conexión intercultural. La Iglesia como familia global es el comienzo de algo grande en un viaje por las naciones. La Iglesia es todas las tribus, idiomas y culturas en unidad y adoración ante el Cordero.

Una práctica importante en la iglesia es la Cena del Señor. En la nueva era de Cristo, el pueblo de Dios se sienta a la mesa junto. No hay judío ni gentil. No es una comida de tolerancia mutua; la Cena del Señor anuncia un nuevo cuerpo en el que los que están a la mesa se van transformando (Bosch 2011, 167–68). La Cena del Señor es un ritual que refuerza la idea de unidad dentro de la comunidad al enfocarse en el perdón y la reconciliación (Cavanaugh 1998, 238). La mesa del Señor es una mesa de dos polos, diversidad y comunión. Los dos polos ilustran el poder de Dios para perdonar y reconciliar. Todos estamos incluidos y todos somos parte de una nueva nación, un nuevo Reino. Somos una nación diferente a cualquier otra nación. Nuestra unidad no se basa en un idioma compartido o en normas culturales idénticas (que es como se definen la mayoría de las naciones); se basa en la adoración de Jesucristo y el amor mutuo. Como explica Jesús en Juan 13:35, el mundo nos nota por cómo nos amamos unos a otros. El mundo se maravilla de nuestra comunión. Estamos invitados a unirnos a la comunidad de fe tal como somos culturalmente (Apocalipsis 7: 9-10). La Cena del Señor es un recordatorio constante de que somos una comunidad. Las iglesias son culturalmente diferentes en todo el mundo, sin embargo, la base sobre la que están construidas es Jesucristo, no un modelo cultural occidental o judío. La Trinidad es una expresión de una comunidad amorosa y sacrificada que envía a sus miembros al mundo para proclamar el evangelio, mostrar compasión, formar comunidades amorosas y celebrar la familia global conectada interculturalmente.

1.2 La Iglesia Misional

La palabra misional es un término común que se usa cuando la gente habla de misiones. La definición, "estar orientado hacia la misión al pensar, actuar y vivir", coloca a las misiones como el "latido del corazón" de la iglesia (Pocock, Van Rheenen, and McConnell 2005, loc. 235). Este término común se entreteje en libros, artículos, conferencias y sermones sobre misiones. El concepto tiene sus orígenes a principios de la década de 1980 cuando los creadores hablaron sobre la iglesia misional en el contexto de misiones transculturales (Ott and Netland 2006, 197). Antes de hablar más sobre el concepto, es esencial tener en cuenta que el término ha sido tan usado en exceso que es difícil saber de qué están hablando las personas cuando usan el término misional (Ott, Strauss, and Tennent 2010, 199–200). Se ha convertido en un término confuso, pero su origen y la teoría detrás del concepto son dignos de exploración.

> *Misional, "estar orientado a la misión en pensar, actuar y vivir."*

La idea de "iglesia misional" era priorizar el trabajo de la iglesia a misiones. El término se asoció con la naturaleza "enviadora" de Dios. Más importante aún, la identidad misma de la iglesia debía ser una de compromiso total en las misiones. La iglesia no envía. "La iglesia misma es la enviada, y es enviada en una misión que es más grande que ella" (Ott and Netland 2006, 197–98). Esto es consistente con la teoría de la Trinidad en que la misión de Dios es también la misión de la iglesia. La iglesia no hace misiones, es misiones, misiones es su identidad (2006, 98). Una iglesia que coloca su prioridad en las misiones se considera una iglesia misional. La confusión y el debilitamiento de la idea de la iglesia misional ocurrió cuando la gente dijo que todo lo que hacemos como iglesia son misiones. Sin embargo, los creadores creían que la iglesia misma debería ser enviada al mundo (2006, 98). Estos promotores originales de, misional, significaron que la Iglesia está en una misión de Dios, y misiones no es solo cumplir una lista de verificación de tareas requeridas por la iglesia.

Por el bien de la ilustración, piense en los ministerios de la iglesia como una tienda por departamentos. La iglesia tiene departamentos de ministerio, discipulado, ministerio de jóvenes, adoración, música y misiones (por nombrar algunos). Los creadores de misional expresaron que las misiones no deberían ser un departamento. Las misiones es el propósito de la iglesia que guía todos los ministerios de la iglesia; por tanto, la iglesia es sinónimo de misiones. Los redactores de la iglesia misional estaban tratando de alejar a la iglesia de las misiones compartimentadas como solo una de las muchas cosas que hace. Misiones es la Iglesia, no solo una de sus asignaciones.

Missio Dei: los humanos no realizan misiones; Dios hace misiones.

Otra idea anterior que ayudó a formar el concepto de iglesia misional fue el concepto de "*missio Dei*" (la misión de Dios). El teólogo suizo Karl Barth explicó que misiones no se trata de la iglesia, la salvación u otras religiones; sino de lo que hizo Dios (2006, 63). ¡Dios envió! Barth señaló que el primer uso de la palabra "misión" en la iglesia estaba en referencia a la Trinidad. Fue la actividad de envío de la Deidad (2006, 63). En la década de 1950, esta idea se amplió y los líderes de la misión utilizaron el término "*missio Dei*" para explicar cómo la iglesia se relacionaba con las misiones. En realidad, el concepto se presentó en una conferencia en Alemania después de las dos grandes guerras mundiales entre naciones cristianas. Según el concepto "*missio Dei*", los humanos no realizan misiones; Dios hace misiones (2006, 63).

Más tarde, diferentes partes de la iglesia abogaron para que la iglesia participara en la misión de Dios, por lo que las misiones se convirtieron en una mezcla de Dios yendo al mundo y la iglesia ayudando siguiendo el ejemplo de Dios.

> "La doctrina clásica sobre la *missio Dei* como Dios el Padre enviando al Hijo y Dios el Padre y el Hijo enviando el Espíritu se expandió para incluir otro "movimiento" más: el Padre, el Hijo y el Espíritu Santo envían la iglesia al mundo. En lo que respecta al pensamiento misionero, esta vinculación con la doctrina de la Trinidad constituyó una importante innovación" (Bosch 2011, 390).

El concepto de *missio Dei* eventualmente adoptó formas de justicia social, que involucran actividades no cristianas y no eclesiásticas. Sin embargo, originalmente este concepto afirmaba que Dios es el autor y consumador de las misiones en el mundo, que Dios tiene una misión y que Dios está tomando/enviando a la iglesia en la misión de Dios. Negativamente, el concepto *missio Dei* se utilizó para justificar casi todo. Supuso que todas las actividades que la gente consideraba buenas eran parte de la misión de Dios.

En realidad, incluso algunas acciones de la iglesia pueden obstaculizar la *missio Dei* (Skreslet 2012, 32); y las misiones pueden convertirse en cualquier cosa que los líderes de la iglesia le pidan a la gente: vender calabazas, protestar en las calles, recaudar fondos para un nuevo estacionamiento, construir un edificio más grande. Todo puede presentarse como la misión de Dios. Cuando todo lo que hace la iglesia puede justificarse como misión, esto abre la puerta a la manipulación egoísta. El concepto de *missio Dei* es similar al concepto de iglesia misional. De alguna manera extraña, estos dos conceptos de "salir" se enfocaron hacia adentro en muchas iglesias, y las iglesias perdieron su propósito previsto.

Los aspectos positivos de este concepto fueron afirmar a Dios como el autor y consumador de las misiones en el mundo. Que Dios tiene una misión y que Dios está llevando/enviando a la iglesia en la misión de Dios. Los aspectos negativos fueron que el concepto de *missio Dei* se utilizó para justificar casi todo. La iglesia podría justificar actividades egoístas, e incluso actividades seculares, al afirmar que estas actividades eran la misión de Dios.

Como exmisionero y director de misiones actual, he visitado innumerables iglesias para promover misiones. Me he sentado en numerosos comités, juntas y reuniones administrativas de la iglesia a nivel local y regional. Por lo general, estoy en esas reuniones para informar a la iglesia y/o al líder de la iglesia sobre nuestro trabajo de misiones globales. Más veces de las que puedo contar, alguien levanta la mano o se pone de pie y expresa su preocupación porque se pone demasiado énfasis en las "misiones extranjeras". La persona luego me recuerda a mí y a todos los demás que tenemos muchas necesidades en nuestra iglesia local y que debemos enfocarnos en esas necesidades. Algunos llegan a decir que una vez que se satisfacen las necesidades locales, podemos pensar en esas necesidades "extranjeras". En verdad, su perspectiva tiene perfecto sentido. Es un punto de vista muy lógico. El problema es que la Trinidad no hizo eso. Al formar el Espíritu Santo la iglesia intercultural en el día de Pentecostés le dijo a la iglesia cuál sería su dirección. Es tanto hacia afuera, siendo enviado, como hacia adentro, formando una comunidad intercultural global amorosa que invita al "extranjero" (Mateo 25:35, Levítico 19:34).

El concepto de iglesia misional y *missio Dei* le da a la iglesia una relación de trabajo con la Trinidad. La iglesia es enviada, ese envío se llama misiones. Como se señaló anteriormente, el eclesiocentrismo ocurre cuando la iglesia determina su propia misión. La iglesia misional no funciona para la iglesia en sí, sino para el privilegio de servir a Dios (Ott and Netland 2006, 199). En realidad, misional fue un llamado a hacer misiones porque la Iglesia es misiones. El término y su significado a menudo se inflaron para clasificar todo lo que hacen las iglesias como misiones. En consecuencia, *missio Dei* sufrió; también estaba inflado para significar todo. Uno de los impactos negativos de ver todo lo que la iglesia hace como misiones es que el programa de misiones globales intercultural de la iglesia se puede incorporar a todo lo que hace la iglesia y luego desaparece (2006, 200). Irónicamente, la intención misma de misional y *missio Dei*, de priorizar las misiones como el llamado de Dios para la iglesia, a veces se ha distorsionado para significar que la iglesia establece su propia agenda ministerial.

La no prioridad de las misiones en las iglesias principales estructuradas se puede ver en la historia reciente. A principios de la década de 1900, las denominaciones del mundo occidental eran las principales agencias de envío de misioneros. En la década de 1960 hubo un énfasis en las denominaciones principales para incorporar las misiones globales a los otros ministerios de la iglesia. Por ejemplo, en 1968 la Iglesia Presbiteriana (EE. UU.) Reemplazó su "Junta de Misiones Extranjeras" por una "Comisión de Relaciones y Misión Ecuménica" (2006, 206). Esto movió a la Iglesia Presbiteriana de una organización de envío a una organización asociada. En 1935, el sesenta por ciento de todos los misioneros fueron enviados desde una denominación. Para 1980, solo el diez por ciento de los misioneros del mundo eran misioneros denominacionales (2006, 206). Cuando los líderes de la iglesia enmarcan todo lo que la iglesia hace como misiones, esta acción empuja al ministerio transcultural que históricamente ha sido llamado misiones a las sombras de la iglesia. En un sentido real, las misiones se convirtieron en departamentos como un simple programa de ministerio, lo que resultó en alejar a las iglesias principales de lo "misional" como el latido del corazón de la iglesia. El campo misionero ha sufrido una gran pérdida al no tener denominaciones haciendo misiones al nivel en el que alguna vez lo hicieron. Y esas mismas denominaciones han sido disminuidas y debilitadas al no "enviar" misioneros con sacrificio a los niveles que una vez los enviaron. Todas las denominaciones que disminuyeron su participación en el envío de misioneros también vieron una disminución en la membresía de su iglesia. Sería demasiado simplista decir que hay una correlación directa, pero hay una fuerte evidencia de que

Existe una fuerte evidencia de que priorizar las misiones y enviar misioneros con sacrificio da energía a la iglesia.

priorizar las misiones y enviar misioneros con sacrificio da energía a la iglesia.

Desafortunadamente, se piensa que lo que es geográficamente cercano y beneficioso para la iglesia local es más importante que lo que está en el extranjero y un gasto de sacrificio. De hecho, los mayores gastos de cualquier iglesia son los ministerios de la iglesia local. En la mayoría de los ministerios que una iglesia local o una denominación hace, esos ministerios benefician a los donantes locales, a excepción de las misiones globales. La construcción o remodelación de un nuevo edificio de la iglesia, la ampliación de un estacionamiento, el empleo de un nuevo pastor de jóvenes, la compra de nuevos instrumentos, todo se financia a través de donaciones de sacrificio. Sin embargo, los donantes reciben directamente los beneficios de las donaciones. Esta realidad genera la pregunta, "¿no deberíamos ocuparnos de nuestras necesidades locales y luego dar a las misiones?"

A menudo, las personas se refieren al evangelismo en su comunidad, las despensas de alimentos e incluso la escuela dominical y el ministerio juvenil como misiones. Se sabe que pastores y líderes se paran ante sus congregaciones y dicen: "Todos somos misioneros". Cuando en la iglesia llamamos a todo, misiones, entonces las misiones "extranjeras/globales/interculturales" desaparecen. Es difícil "enviar" cuando todo lo que hace la iglesia es local y la iglesia lo llama misiones. Este enfoque de las misiones oscurece la naturaleza sacrificada de ser enviado a otra cultura. El beneficio de la naturaleza sacrificial del envío misionero es que energiza y revitaliza la iglesia. Cuando la iglesia proyecta amor sacrificial mediante el envío, imita el ejemplo de Dios del envío sacrificial y encuentra su propósito.

La teoría de la iglesia misional tiene relevancia, aunque ha demostrado que tiene un lado peligroso cuando se interpreta incorrectamente. Su intención original era promover las misiones globales como una prioridad. La iglesia hace muchas cosas buenas, pero todas las cosas que hace no son misiones. La teoría de la iglesia misional dice que la iglesia tiene una identidad, y esa identidad son las misiones globales. La iglesia está en la misión de

Dios (*"missio Dei"*). La iglesia no elige misiones como una sola cosa; Dios elige a la iglesia a través de un "llamado" para hacer misiones. La iglesia es enviada como el Hijo y el Espíritu Santo fueron enviados. Y, sobre todo, la iglesia tiene que ser intencional y organizar misiones globales como su prioridad (2006, 200). La iglesia misional es un llamado para que la iglesia haga misiones globales y se dé cuenta de que esa es la identidad de la iglesia. Todo lo que hace la iglesia a nivel local es prepararla para ser una iglesia misional. La teoría de la iglesia misional fue revolucionaria porque era un llamado para que la iglesia saliera, se sacrificara, compartiera el amor de Jesucristo e invitara a otros a unirse a la familia de Dios.

1.3 La Doxología

Si el concepto de la Trinidad y la idea de la iglesia misional han establecido un buen argumento para que la iglesia envíe misioneros, entonces, ¿a qué se envían los misioneros? ¿Para qué envió Dios a Jesús y al Espíritu Santo al mundo?

Todo lo que la iglesia hace a nivel local es prepararla para ser una iglesia misional.

En la década de 1600, el profesor protestante holandés Gisbertus Voetius le dio al mundo su comprensión de lo que implican las misiones. Voetius fue uno de los primeros líderes de la iglesia protestante. Reconoció que Dios envía y es la primera causa de las misiones. También reconoció que la iglesia es enviada, la segunda causa de las misiones (Ott and Netland 2006, 82). Luego respondió a la pregunta de, qué se supone que deben hacer los "enviados". El profesor Voetius explicó que las misiones tenían un triple propósito: evangelizar, plantar iglesias y ser "doxológico" (Paas 2016, 23–24).

Este tercer propósito de las misiones es un concepto fascinante. Doxología significa dar alabanzas, en particular, alabar o glorificar a Dios. "La gloria de Dios es el propósito supremo al que contribuyen la conversión y la plantación de iglesias" (Ott and Netland 2006, 82). En otras palabras, todos los caminos de las misiones conducen a la glorificación de Dios. Misiones es llevar a la humanidad a glorificar a Dios. En el Evangelio de Juan, capítulos 15 y 16, Jesús explica a sus discípulos su amor por el Padre. Como el Padre amó al Hijo, el Hijo ama a los discípulos. Jesús explica en Juan 5 que aquellos que honran a Jesús también están honrando al Padre. Claramente, Jesús da prioridad a glorificar al Padre. Tanto Jesús como el Espíritu Santo buscan llamar a hombres y mujeres a adorar a Dios (Juan 4: 21-24). Como Jesús oró: "Padre, ha llegado la hora. Glorifica a tu Hijo, para que tu Hijo te glorifique a ti" (Juan 17: 1 NVI).

John Piper, un teólogo estadounidense explica: "Las misiones no es el objetivo final de la iglesia. La adoración es. Las misiones existen, porque la adoración no lo es". Piper concluye: "La adoración, por lo tanto, es el combustible y el objetivo de las misiones" (2010, loc. 161). El libro de Apocalipsis explica bien el final del juego; Dios es adorado por ángeles y todas las tribus y naciones humanas (Apocalipsis 7 y 19). De hecho, el objetivo de las misiones es bastante simple. Es llevar a las personas a una relación con Jesucristo y guiarlas (discipulado) para que sean parte de una comunidad que adora a Dios. Donde hay adoración, se cumple la tarea de las misiones. Adorar es más que cantar algunas canciones; es una comunidad que vive en devoción, compasión, sacrificio y actos que agradan a Dios (Ott and Netland 2006, 84). El líder de la misión sudafricana David Bosch explica que, en el libro de Mateo, la palabra griega que se usa para adorar, *proskynein*, significa caer boca abajo en el suelo. Mateo usa esta palabra en varios lugares cuando se refiere a la adoración. Bosch explica que la idea es sumisión a Dios y solo adoración a Dios (Bosch 2011, 75).

> *Todos los caminos de las misiones conducen a la glorificación de Dios.*

En el 2018, la Iglesia Presbiteriana Cumberland (una denominación pequeña) realizó un estudio con líderes de la iglesia. Más de 125 personas participaron en el estudio de tres meses realizado en siete países diferentes. Estos participantes discutieron el significado de estar en una denominación intercultural global. Ellos hicieron referencia específicamente a la adoración multicultural como un punto culminante de una iglesia global, y encontraron que estas oportunidades de adorar juntos eran profundamente significativas. En una reunión con líderes asiáticos Presbiterianos Cumberland, compartieron su extraordinaria experiencia de adoración con una reunión de jóvenes multinacionales en Japón. Cuando los equipos misioneros a corto plazo de los EE. UU. visitan un servicio de adoración en el campo misional, siempre comentan lo increíble que es ver cómo otros adoran, su sinceridad, entusiasmo y compromiso. Los cristianos que miran o participan con otros cristianos de otras culturas en la adoración es agradable porque somos quienes somos como creyentes. Todos nos sentimos atraídos y llenos de energía por la adoración. Es por eso que existimos.

La iglesia y sus misioneros pueden evaluar su efectividad preguntando si sus esfuerzos misioneros han resultado en la glorificación a Dios.

El concepto de misión de la Doxología es el primer artículo del Catecismo Ampliado de Westminster, desarrollado originalmente como una herramienta de enseñanza para los cristianos a mediados del siglo XVII. Usando preguntas como una forma de enseñar doctrina, el Catecismo pregunta: "¿Cuál es el fin más alto y principal del hombre?" Responde: "El fin principal y más elevado del hombre es glorificar a Dios y disfrutarlo plenamente para siempre". La Doxología explica que las misiones existen con el propósito de glorificar a Dios. Como resultado de este concepto, la iglesia y sus misioneros pueden evaluar su efectividad preguntando si sus esfuerzos misioneros han resultado en la glorificación a Dios. De hecho, cuando los misioneros desarrollan nuevas comunidades de adoración, están confirmando que están cumpliendo la razón de ser enviados. Si la iglesia que envía se da cuenta del privilegio de participar en la misión de Dios y glorifica a Dios, la iglesia cumple su misión de ser enviada. Si los pobres y los que sufren experimentan el amor de Dios de la mano del misionero, pueden alabar a Dios, la iglesia está cumpliendo su misión de ser enviada. Si los pecadores se apartan de sus pecados y dioses falsos y se vuelven a adorar a Dios, la iglesia está cumpliendo su propósito de ser enviada.

1.4 El Concepto de Iglesia Intercultural Global

El concepto algo oscuro de iglesia global se puede encontrar en lugares aislados en los libros y artículos de misiones modernos. En aras de la transparencia, he dedicado un tiempo considerable a estudiar esta área en particular. Puedo dar fe del hecho de que el concepto de iglesia global no ha recibido la atención de los líderes de misiones que merece. Las misiones, como se señaló anteriormente, es el acto de ser enviado y el acto de conectarse. Las preocupaciones sobre el dominio y control misionero y las preocupaciones sobre la reproducción de iglesias occidentales irrelevantes en países no occidentales son genuinas. En un esfuerzo por evitar estos errores, las misiones a veces han enfatizado demasiado a las iglesias indígenas y aisladas. Sin embargo, el respeto cultural no significa aislamiento y separación.

Fue evidente, en el nacimiento de la Iglesia cristiana, que la Iglesia era internacional.

En el siglo II, la iglesia ya estaba usando la palabra católica para describirse a sí misma (Herman Bavinck 1992, 220). Desde su nacimiento en Pentecostés (Hechos 2), la iglesia fue internacional; era culturalmente diversa, pero una en Cristo. Fue evidente, en el nacimiento de la Iglesia cristiana, que la Iglesia era internacional. El cristianismo fue un fenómeno transcultural (Paas 2016, 14). La iglesia se dio cuenta de que no era una nueva expresión del judaísmo, ni una expresión cultural romana o griega. La iglesia se infiltró en todas las culturas y al mismo tiempo, la iglesia estaba por encima de cualquiera de esas culturas. Como explica el profesor estadounidense Richard Gaillardetz, católica es tanto unidad como diversidad. Su punto habla del aspecto transcultural de la iglesia. En el libro de Gaillardetz sobre eclesiología, usa el término unidad *diferenciada* (Gaillardetz 2008, 35). La iglesia debe ser diversa, culturalmente diversa y, al mismo tiempo, unida. La Trinidad es nuestra guía. La Trinidad es unidad y diversidad, y ninguna compromete a la otra (Chester 2005, 162). Así debe ser la iglesia, ni un todo unificado sin individualidad, ni individualista con conexiones sueltas (2005, 162). La clave para comprender nuestra singularidad, que incluye la singularidad cultural, se encuentra en una comunidad de personas (2005, 164). Por ejemplo, una manzana roja se vuelve única cuando se coloca en una canasta de manzanas amarillas y verdes. De hecho, todas las variedades de manzanas se vuelven únicas debido a su diversidad. Nos conocemos a nosotros mismos y conocemos nuestra cultura cuando estamos en comunidad con otros que son diferentes. Muchos líderes misioneros hablan de la importancia de una iglesia que vive en diversidad y unidad (catolicidad), pero pocos realmente se refieren a la iglesia como católica. Probablemente sea por una buena razón; es muy fácil confundirse como si se referirse a la Iglesia Católica Romana.

Muchos líderes de misiones ponen énfasis en las asociaciones internacionales como el camino a seguir en las misiones. (Ott, Strauss, and Tennent 2010, 236). Se encuentran amplias ilustraciones que ponen énfasis en las redes globales como un medio para realizar un trabajo misionero eficaz (Pocock, Van Rheenen, and McConnell 2005, loc. 5071). "Las iglesias deben relacionarse entre sí como socias iguales en la misión de Dios, cada una aportando sus puntos fuertes a la tarea" (Ott and Netland, 2006, 219). En la mayoría de los casos, creo que las asociaciones multiculturales tienen un beneficio limitado. Las iglesias pueden completar proyectos juntos, los líderes pueden reunirse en conferencias y los miembros pueden verse ocasionalmente. Sin embargo, sostengo que estas actividades no alcanzan la meta de la iglesia: lograr relaciones multiculturales significativas y con significado. La misionera anglicana Leslie

> *El objetivo de la iglesia: lograr relaciones multiculturales significativas y con significado.*

Newbigin, líder de los movimientos eclesiásticos ecuménicos a mediados del siglo XX, admite que estas reuniones y asociaciones ecuménicas fueron muy limitadas y fracasaron como expresión de la iglesia universal. Sin embargo, sostiene que al menos proporcionaron una visión de lo que era posible (Newbigin 1995, loc. 2048).

Una buena comparación de la diferencia entre asociaciones y vidas compartidas en conexión relacional es la diferencia entre una asociación de pastores y un presbiterio. Muchas comunidades tienen una asociación de pastores donde pastores de diferentes iglesias en una ciudad se reúnen, confraternizan y coordinan algunos eventos y programas compartidos. La asociación de pastores no tiene poder sobre cada persona; no tiene presupuestos (de importancia) para discutir; y no ordena pastores, no aprueba su servicio en una iglesia local o disciplina a los pastores. Por otro lado, un presbiterio es un "congreso" de iglesias donde cada iglesia envía pastores y líderes laicos elegidos para tomar decisiones para todo el grupo. Un presbiterio tiene un presupuesto (ingresos de cada iglesia miembro), aprueba doctrina y políticas para todo el grupo, aprueba y ordena nuevos pastores, tiene la autoridad para disciplinar y es dueño de todas las propiedades de la iglesia. El punto es que la asociación de pastores no es estresante. Cuando se vuelven estresantes, los pastores dejan de asistir. Un presbiterio es estresante. Esta organización tiene relaciones de responsabilidad y expectativas. De manera similar, las familias son estresantes por las mismas razones.

La iglesia primitiva experimentó conexiones interculturales significativas y mutuas. Paul, por ejemplo, dirige sus cartas a personas de diferentes culturas y naciones. Los nombres de sus cartas en el Nuevo Testamento representan diferentes lugares geográficos y grupos culturales. Estas personas son su familia, sus hermanos y hermanas. Las cartas de Pablo expresan tensión, que es común en las relaciones significativas (ver I Corintios 1, Gálatas 2, Efesios 4). Paul es algo combativo, que es un comportamiento típico en una familia cercana. Estas primeras iglesias tienen personas que Pablo conoce y ama. Las misiones para la iglesia primitiva fueron enviar, conectar y agregar nuevas personas a la ruidosa familia "católica".

La dinámica de "congregacionalización" de la iglesia también ha ayudado a desconectar la iglesia global (Kärkkäinen 2002, 59). A principios de la década de 1900, el florecimiento y el crecimiento de modelos de iglesia menos estructuradas se hicieron cada vez más comunes. El modelo de iglesia desconectada ciertamente se ve en el campo misionero. Muchas iglesias son independientes y no tienen afiliación con un grupo más grande de iglesias. Las denominaciones habían proporcionado distintos niveles de conexión, pero comenzaron a declinar en el campo misional a favor de modelos más independientes. El resultado fue el debilitamiento de las conexiones internacionales. La forma congregacional e independiente de la estructura de la iglesia se hizo cada vez más omnipresente (Van Dyk 2007, 126). Este modelo ayudó a la iglesia a crecer y expandirse, pero también resultó en la desconexión de la iglesia. Cada vez más, cada iglesia se aisló en una isla cultural. [7] A menudo estaban desconectados de otras iglesias dentro de su nación y ciertamente desconectados de iglesias fuera de su cultura. Como señala el misiólogo David Bosch, la iglesia conectada globalmente tiene una ventaja, esta iglesia vive en tensión; está en el discurso y se desafía unos a otros (2011, loc. 11108).[8] La falta de diversidad cultural y la ausencia de conexiones estructurales globales que alguna vez proporcionaron las denominaciones disminuyó la conexión relacional, disminuyó

> *Las misiones para la iglesia primitiva fueron enviar, conectar y agregar nuevas personas a la ruidosa familia "católica".*

[7] Cabe señalar que cada vez más mega iglesias están desarrollando campos satélites. Este tipo de estructura de iglesia y gobierno se parece cada vez más a una denominación localizada. Sin embargo, este enfoque tiende a utilizar la iglesia madre y/o el pastor de la mega iglesia como etiqueta de identidad del grupo.

[8] Misiólogo: Persona que estudia misiones y algunos tienen un doctorado en misionología.

las tensiones relacionales y disminuyó la sabiduría que se encuentra en las relaciones interculturales.

Hace varios años, los japoneses de mi denominación cuestionaron a los estadounidenses sobre los símbolos que los estadounidenses usan en sus iglesias. [9] Los japoneses se opusieron a la exhibición de banderas nacionales junto al púlpito. Debido a que la bandera nacional de Japón tiene una historia religiosa militarista y no cristiana, está asociada con el imperialismo y el culto al emperador. Las banderas nacionales no se utilizan en las iglesias presbiterianas Cumberland japonesas. La discusión que los japoneses tuvieron con los estadounidenses fue sobre el mensaje de una bandera nacional en el púlpito de una iglesia. ¿Está la Iglesia por encima de todas las naciones o solo es parte de una nación? La Iglesia en unidad y diversidad es testimonio del poder de Dios para reconciliar (Bosch 2011, loc. 11108). Si Dios puede unir naciones en unidad alrededor de Cristo, después de tiempos históricos en los que esas naciones estaban en guerra entre sí, ¿qué no puede hacer Dios cuando se trata de relaciones rotas? Cuando los cristianos japoneses y estadounidenses están en la misma iglesia y en comunión y diálogo, comparten un poderoso testimonio de la reconciliación de culturas con el Espíritu Santo de Dios. Sus banderas fueron una vez banderas de batalla de oposición y destrucción. Los japoneses cuestionaron qué lugar tienen estas banderas en una iglesia global.

Es poco común que una iglesia local vea más allá de su cultura y grupo.

El misionero en India y misiólogo Donald McGavran notaron algo que es contrario a la idea de una iglesia intercultural.

---

[9] Americanos: Estoy usando estadounidenses en lugar de americanos porque los de América Central y del Sur explican que ellos también son americanos. Para los hispanohablantes es importante entender que la palabra "estadounidense" (United State-ian) no existe en inglés. Por eso, el estadounidense se identifica como "Americano" para identificarse culturalmente.

McGavran notó cómo el evangelio tiende a extenderse entre la misma cultura y los mismos grupos lingüísticos. Él hace una observación obvia: a la gente le gusta socializar con personas como ellos, la misma cultura y el mismo idioma (McGavran and Wagner 1990, loc. 961). Un contemporáneo de McGavran, Peter Wagner, explica que las personas comienzan su viaje de fe a través de este tipo de conexión, pero el discipulado los lleva a un nivel relacional más profundo. Una persona se transforma a través de Cristo y comienza a desear una comunidad multinacional más grande (McGavran and Wagner 1990, loc. 64). El concepto de McGavran y Wagner ilustra que un grupo cultural (iglesia local) que ve más allá de su cultura y grupo es poco común. Nuestra perspectiva normal es querer estar con aquellos a quienes entendemos culturalmente. Por tanto, la conexión intercultural produce un desafío, la integración cultural no es natural. Sin embargo, la transformación que encontramos en Cristo nos permite experimentar lo sobrenatural, y el Espíritu Santo nos hace capaces de superar nuestra preferencia cultural limitada y singular.

El profesor de misiones Arthur Glasser propone que la iglesia debe estar interconectada multiculturalmente, según dijo, tanto judíos como gentiles (Glasser et al. 2003, 319). Charles Kraft, misionero en África y profesor de misiones, ilustra lo que significa la conexión intercultural. Cuenta su experiencia como misionero trabajando en un leprosario (un centro médico para leprosos). Dice que la parte más eficaz de los esfuerzos de su agencia misionera en África tuvo lugar en el leprosario donde trabajaban. Explicó que su trabajo fue eficaz porque los misioneros vivían con los leprosos. La leprosería era una fuerte comunidad intercultural.

La preocupación de Kraft era que los otros misioneros luchaban por trabajar eficazmente con africanos, en parte porque no tenían relaciones interculturales significativas. La experiencia de Kraft reveló el poder de conectar. Estos misioneros vivían en la leprosería y tenían una relación con los leprosos. Los hechos, palabras y vidas de los misioneros impactaron a los leprosos más que cualquier otro grupo al que los misioneros intentaron llegar

(Kraft 2016, loc. 866).

El sociólogo secular Milton Bennett hace un punto importante relacionado con las relaciones interculturales y la regla de oro cristiana. Enmarca los desafíos relacionales de la comunicación intercultural como "superando la regla de oro" (Bennett 2013, 203). La regla de oro, en resumen, es que uno trate a los demás de la forma en que quiere ser tratado. El problema, dice Bennett, es que si tratamos a una persona de una cultura diferente de la forma en que queremos que nos traten a nosotros, probablemente ofenderemos o confundiremos a la otra persona. Por ejemplo, si un latinoamericano va a Japón y está decidido a abrazar a todos los que conoce, el japonés se ofenderá. Se consideraría extremadamente atrevido. Si los mexicanos comparten su comida picante favorita con los colombianos, descubrirán que es posible que los colombianos no la coman. Los colombianos (como la mayoría de los latinoamericanos) no comen alimentos picantes. Bennett señala que la regla de oro es defectuosa en referencia a las relaciones interculturales.

La regla de oro se basa en la "encarnación".

Lo que Bennett no se da cuenta es que la Regla de Oro se basa en la "encarnación". Dios nos mostró el camino cuando Dios envió a Jesús a vivir entre nosotros y relacionarse con nosotros de maneras que pudiéramos entender. Misiones se basa en la encarnación en la que el misionero vive entre los nacionales. El misionero aprende a inclinarse en Japón y a comer chiles en México. Debido a la conexión relacional, el misionero se vuelve relevante. El misionero sabe lo que espera la otra cultura porque el misionero se relaciona y aprende. Las misiones requieren encarnación, cuyo único propósito es la conexión relacional. Sin la conexión relacional, somos distantes, indiferentes e incluso podemos ser ofensivos.

El concepto de iglesia intercultural global se basa en ir al campo misionero para formar conexiones relacionales y retener esas conexiones a través de las estructuras institucionales de la iglesia.

Las Escrituras dan un precedente a la importancia de la conexión relacional. Jesús les explica a sus discípulos en Juan 14 que se iría, pero que el Espíritu Santo vendría y los mantendría a todos conectados. Experimentar al Espíritu Santo es experimentar al Hijo y al Padre. Además, el Espíritu Santo produce actitudes y normas de comportamiento en el corazón del creyente que fomentan la formación de relaciones. En Hechos 13 y 14, Pablo establece nuevas iglesias en su primer viaje misionero y mantiene contacto con ellas a lo largo del libro de los Hechos. El libro de Gálatas es una carta a las primeras iglesias plantadas y refleja cuán profundamente conectadas estaban esas iglesias con todas las demás iglesias del mundo. Los discípulos y la iglesia no se establecen y luego se desconectan. Dios continúa viviendo con la Iglesia, y la Iglesia también es un lugar para habitar unos con otros.

La iglesia intercultural global es una iglesia conectada. El Padre envía al Espíritu Santo para que sea nuestra conexión con Dios. La iglesia global involucra tanto la expansión del Reino de Dios como la conexión relacional, no una sin la otra. Misiones está haciendo crecer nuestra familia multicultural y disfrutando de la riqueza que este crecimiento trae a la iglesia.

> *A través de la conexión y la relación intercultural, podemos ver cosas sobre Dios que ninguno de nosotros por nuestra cuenta puede ver.*

El misionero y profesor de misiones Daniel Shaw cuenta su experiencia misionera en Nueva Guinea. Explica cómo se transformó como resultado de su conexión relacional con la tribu Samo (Shaw 2010, 211–14). Como Shaw demuestra con su historia, enviar y conectar resulta en una transformación mutua. La iglesia intercultural global tiene la capacidad de cambiar a todos, tanto el campo misionero receptor como la iglesia misionera que envía. Ambos trascienden sus limitaciones culturales y comienzan a ver nuevas perspectivas del Reino. A través de la conexión y la relación intercultural, podemos ver cosas sobre Dios que ninguno de nosotros por nuestra cuenta puede ver (Hiebert 1987, 110–11). El concepto de iglesia intercultural global llama a las misiones a hacer más de lo que ha estado haciendo. Llama misiones para expandir, conectar y compartir dones, poder y recursos. No es suficiente expandirse como iglesia; necesitamos conectarnos de manera significativa. Las misiones, en el contexto de la iglesia global, se trata de hacer crecer nuestra familia a través de culturas. Y las familias comparten, sacrifican y permanecen juntas en el sufrimiento y la prosperidad. Sobre todo, a través de las conexiones familiares globales, somos renovados y energizados a través del amor y la vida compartida.

1.5 Conclusión sobre Conceptos Bíblicos de Misiones

En esta sección he explicado que las misiones modernas se han movido de una teología que promueve la expansión de la iglesia como motivo de misiones a una teología de misiones que aboga por la conexión relacional. Este cambio de perspectiva movió las misiones de un enfoque eclesiocéntrico (iglesia) a un fundamento teocéntrico (Dios). La naturaleza relacional de la Trinidad demuestra la intención de las misiones. Este cambio de entendimiento permite a la iglesia enfocarse en formar comunidades y conectarse, en lugar de replicar la iglesia de la que vino el misionero. El modelo de expansión de las misiones puede llevar a que la iglesia use su poder para sus propios propósitos institucionales o de interés propio. Sin duda, puede llevar a la iglesia de una cultura a creer que la cultura y sus valores y normas son lo que todas las culturas deberían aceptar como valores y normas cristianos. El modelo de conexión relacional como la razón por la que hacemos misiones, que declara la doctrina de la Trinidad, protege a la iglesia de ser egoísta.

La Iglesia es una comunidad similar a la Deidad. La iglesia es diversidad en unidad y una comunidad de amor mutuo. La comunidad divina de diversidad y amor envía miembros de su comunidad para rescatar a la humanidad. El amor de Dios es revelado por Jesucristo y el envío del Espíritu Santo. El ministerio de Jesucristo y el Espíritu Santo es de reconciliación. Mediante la fe en Cristo, nos reconciliamos con Dios; y a través de la guía del Espíritu Santo, se forma una nueva comunidad. La Trinidad ilustra que estas comunidades valoran tanto la diversidad como la unidad. Al vivir en comunidad, somos capaces de descubrirnos a nosotros mismos, nuestra personalidad y valor; y encontramos compañerismo y aceptación. El evangelio de Jesucristo nos lleva a la comunidad. Esta comprensión coloca a las misiones como la base para la conexión relacional y la formación de comunidades. Estas mismas comunidades, motivadas por la fe en Jesucristo y el amor, envían a sus seres queridos para llevar a otros a Cristo y a la comunidad. A medida que experimentamos el nuevo Reino de Dios en su plenitud, nos convertimos en parte de la comunidad global más grande. La Iglesia es expansión y conexión, tanto dentro de nuestra propia cultura como del mundo.

La Iglesia está en camino y el guía es Dios. En realidad, estamos en el viaje de Dios. Esto es consistente con la comprensión trinitaria de las misiones. Los enviados por Dios de la Deidad comprenden su tarea. La tarea de la Iglesia en las misiones es la misma que la de la Trinidad. El evangelio es compartir el perdón y la compasión de Dios e invitar a todos los hombres y mujeres a conectarse relacionalmente con Dios y entre sí. La misión de la Iglesia es una misión de rescate motivada por el amor. La adoración es nuestra marca de éxito, ver que la creación honra a Dios como Dios. El misionero desea que Dios sea glorificado como creador y Señor. La Iglesia tiene la misma tarea que el Hijo y el Espíritu Santo, salir y hacer ministerios que inspiren a la humanidad a glorificar a Dios.

Dios forma comunidades de adoración, culturalmente diversas, conectadas, a pesar de las diferencias y distancias culturales. El testimonio de la Iglesia declara unidad y también diversidad cultural. Pentecostés fue el nacimiento de la Iglesia y, en su nacimiento, fue una Iglesia de unidad en Cristo y diversidad en lengua y cultura. Hechos 2 informa que la gente se maravilló de lo que vieron. Lo que vieron fue diversidad cultural que se entendían. El Espíritu Santo hizo a las naciones una, pero conservaron su nacionalidad. Esto es lo que los espectadores y participantes de Hechos 2 vieron y experimentaron, y esta fue una de las razones por las que Pentecostés fue tan extraordinario. El Reino venidero, como se visualiza en Apocalipsis, será tribus, idiomas y naciones en unidad y adoración. Venir a Cristo no significa que perdamos nuestra cultura e idioma; significa que estamos unidos en un cuerpo más grande de hermanos y hermanas y, como resultado, nos entendemos mejor a nosotros mismos y entendemos mejor a Dios. La Iglesia invita a la humanidad a un lugar de acogida, unidad y diversidad cultural.

1.6 Preguntas para Reflexionar

- Términos: ¿Qué es el colonialismo? ¿Cuál fue el modelo de la cristiandad? ¿Qué es el eclesiocentrismo?
- ¿Cómo el fundamento teológico de la Trinidad cambia cómo la iglesia entiende y practica las misiones?
- ¿Cómo el concepto “misional” ha dañado realmente la causa de las misiones? ¿Cómo se puede definir "misional" para que el término/concepto apoye la participación de la iglesia en ministerios interculturales y transculturales?
- ¿Cuáles son las diferentes formas y actividades que puede tomar la adoración al hacer misiones?
- ¿Cuáles son los beneficios para la iglesia de estar conectada en relaciones interculturales significativas? ¿Cómo debería ser una iglesia conectada globalmente?
- Basado en la Trinidad, ¿cuál es una breve lista de las misiones que deberían involucrar?

SECCIÓN 2 - PERSPECTIVAS DE MISIONES QUE GUÍAN EL TRABAJO DE LAS MISIONES

En la historia moderna, los líderes de misiones han estudiado y desarrollado perspectivas misioneras que ayudan a los misioneros a comprender otras culturas y construir relaciones interculturales en esas culturas. Este libro se enfoca en misiones relacionales o conexiones interculturales globales. Para conectarse relacionalmente, las personas necesitan comprender las relaciones basadas en las normas de su cultura y las normas de la otra cultura.

Las misiones implican el aprendizaje cultural y luego la conexión relacional que es apropiada al contexto cultural.

Jesucristo vino a nuestro mundo y formó una comunidad, una comunidad relacional. Jesús entendió la cultura, sus fortalezas (la capacidad de una cultura para bendecir a otros) y sus debilidades (la capacidad de una cultura para dañar a los demás). Jesús, lleno de sabiduría, superó los obstáculos culturales, ganó seguidores y formó discípulos.

Un misionero necesita entender por qué y cómo los grupos de personas son diferentes. La vida de Jesucristo presentada en las Escrituras muestra cómo Jesús adaptó su mensaje y su vida a su contexto cultural. Este conocimiento ayuda al misionero a superar los obstáculos que inhiben la construcción de relaciones amorosas. Por lo tanto, las misiones implican el aprendizaje cultural y luego la conexión relacional que es apropiada al contexto cultural. Requiere que el misionero tenga la flexibilidad y la capacidad para comprender las normas culturales y desarrollar amistades de manera efectiva a través de las barreras culturales.

Misiones es un ministerio especializado. Por lo tanto, los misioneros y quienes los envían deben apreciar las dinámicas culturales y los desafíos que pueden presentarse en el campo misional. Para ser eficaz en las misiones, es necesario un cambio de perspectiva.

Comprender que las diferentes culturas ven las cosas de manera diferente promueve la empatía. Cuando podemos cambiar nuestras perspectivas y ver las cosas como las ve la otra cultura, nuestras misiones se vuelven más efectivas. Por ejemplo, una persona que conduce por el lado izquierdo de la carretera (en algunas partes del mundo) tiene una perspectiva diferente de la conducción. Conducir con la mano izquierda requiere una nueva perspectiva. Quienes conducen por el lado derecho de la carretera a menudo se refieren a quienes conducen por la izquierda como conduciendo por el lado "equivocado" de la carretera. Conducir por el lado izquierdo no está mal. Solo es diferente. Las culturas tienen diferentes normas, costumbres y prácticas. A menudo, la primera reacción que tiene una persona en una nueva cultura es la sensación de que las diferencias son extrañas y erróneas. Sin embargo, la gente hace lo que hace, por buenas razones.

> *Creer que todo lo que hace una cultura es bueno, es una idea romántica.*

Creer que todo lo que hace una cultura es bueno, es otro peligro de interacción intercultural. Como atestigua la ilustración de los indios Wayana, a la que se hace referencia en la Sección 1.1, la aceptación del abuso de niños Wayana, por parte de un escritor de National Geographic, fue errónea (ver la nota al pie). Aunque la ceremonia de la picadura de avispa era un ritual cultural de iniciación, estaba mal. El teólogo estadounidense Richard Gaillardetz advierte que creer que todo lo que hace una cultura es bueno es una idea romántica (2008, 70). Esta sección analiza algunas de las teorías de las misiones que ayudan a los misioneros y aquellos interesados en las misiones a comprender los sistemas sociales que las personas usan para relacionarse entre sí.

2.1 El Entendimiento de que las Culturas son Dones para la Iglesia

Culturas y Organizaciones: Software de la Mente, un libro pionero desarrollado por un grupo de antropólogos sociales y publicado en 1991, se basó en investigaciones sobre empresas multinacionales. Esta investigación intentó comprender las diferencias culturales dentro de los empleados de sus empresas. El antropólogo que hizo esta investigación reveló que cada cultura juega un juego social único; y para trabajar eficazmente con personas de otras culturas, todos deben conocer las reglas del juego.

Las culturas pueden ser conocidas y tienen características definibles.

Como explican los autores del libro, cada cultura tiene su propio sistema operativo cultural (Hofstede, Hofstede, and Minkov 2010, 4). Los hallazgos de este libro impactan a quienes trabajan con culturas y, en particular, a quienes participan en misiones. El libro no es un libro de misiones, pero proporciona valiosos conocimientos sobre las culturas que ayudan a los misioneros. Las personas que leen libros de misiones modernos que discuten la comunicación intercultural y las asociaciones, o que lideran un equipo multicultural y trabajan de manera intercultural, a menudo encuentran conceptos del grupo Hofstede. Este libro muestra, a través de la investigación, que las culturas se pueden conocer y tienen características definibles. Si las personas pueden comprender esas características, pueden ser más efectivas con las relaciones entre culturas.

Después de publicar el libro, surgió una nueva disciplina en antropología social y misiones. La disciplina o área de estudio resultante se denomina "inteligencia cultural". La inteligencia cultural es, en realidad, un nivel de comprensión de las culturas que le permite a uno ser competente al interactuar transculturalmente. (Peterson 2004, 87–88). La inteligencia cultural puede mejorar la comprensión de una persona sobre cómo las culturas son diferentes. La innovación es que las culturas tienen características definibles. Una persona que es competente (eficaz) para trabajar transculturalmente es una persona que tiene un marco, un entendimiento sobre las distinciones de una cultura particular (Livermore 2009, 45). La mayoría de los promotores de la inteligencia cultural fueron influenciados por la investigación cultural de Hofstede y otros antropólogos sociales.

Antes de la década de 1990, los líderes misioneros desarrollaron libros sobre características culturales basados en su experiencia personal. Por ejemplo, el lingüista Eugene Nida, un líder en la explicación de características culturales, se dio cuenta de que las culturas tenían personalidades distintas como las personas tienen personalidades (Nida 1977, 229). Promovió una nueva innovación que permite reconocer y explicar las características culturales. Su trabajo se basó en su experiencia y suposiciones, no en una investigación científica rigurosa. Demostró en sus escritos (principalmente sobre la cultura latinoamericana) que, a través de una observación cuidadosa, las personas pueden aprender características culturales. En cierto sentido, comprender las características culturales es similar a los perfiles de personalidad de uso común.

Los misioneros y las iglesias que los envían pueden ser más efectivos en su ministerio si obtienen mayor inteligencia cultural.

Así como los perfiles de personalidad ayudan a las personas a comprenderse a sí mismas y a los demás, también lo hacen los perfiles culturales. El trabajo del grupo de Hofstede y los que siguieron llevan la comprensión cultural a un nivel más alto de confiabilidad que Nida. Su trabajo se basa en la investigación científica.[1] Esta investigación permite a los líderes de misiones defender, con confianza, que los misioneros y las iglesias que los envían pueden ser más efectivos en su ministerio al obtener una mayor inteligencia cultural. La investigación y el análisis de culturas de Hofstede abrieron la puerta a una forma objetiva de entender otras culturas.

El siguiente es un ejemplo del análisis del grupo de Hofstede. La gran mayoría de culturas del mundo cree que el interés del grupo es más importante que el interés del individuo. Esta creencia se conoce como grupo colectivista (Hofstede, et al. 2010, 90). La investigación muestra que una minoría de las personas en el mundo vive en sociedades individualistas, y el interés del individuo supera el interés del grupo (2010, 90). Los grupos colectivistas se pueden medir desde formas moderadas a extremas de colectivismo, así como las sociedades individualistas se pueden medir (2010, 91). Utilizando la investigación del grupo de Hofstede, dos profesores universitarios, David Thomas y Kerr Inkson, escribieron un libro titulado *Inteligencia Cultural* que explica lo siguiente:

> En las culturas *individualistas*, las personas están más preocupadas por las consecuencias de la acción para ellos mismos que para los demás. Prefieren las actividades realizadas por uno mismo o en interacciones relativamente privadas con amigos. Las decisiones las toma el individuo de acuerdo con su propio juicio en cuanto a lo que es apropiado y las recompensas individuales que se acumularán.
>
> En las culturas *colectivistas*, las personas se ven principalmente a sí mismas como miembros de grupos y colectivistas más que como individuos autónomos. Les preocupan los efectos de las acciones en los grupos y la aprobación de esas personas en sus grupos. Es más probable que las actividades se realicen en grupos sobre una base más pública. Las decisiones se toman de forma

---

[1] El trabajo Hofstede et al. condujo a una organización llamada proyecto GLOBE (www.globeproject.org), que continúa haciendo investigación antropológica en el área de clasificación de características de diferentes culturas.

consensuada o consultiva, y se tienen en cuenta los efectos de las decisiones en todos los miembros del grupo social (Thomas and Inkson 2017, 30).

El estudio del grupo de Hofstede mostró que Estados Unidos ocupa el primer lugar y Australia el segundo como culturas con características individualistas. En los países de América Latina, Colombia, Venezuela, Ecuador y Guatemala ocupan un lugar muy bajo como sociedades individualistas (2010, 97). Esta conciencia de las características y diferencias culturales hace que sea más probable que un misionero estadounidense o australiano pueda relacionarse con personas en América Latina de manera efectiva. El misionero individualista necesita comprender las características culturales colectivistas. La singularidad cultural también tiene otro beneficio. Las personas aprenden unas de otras. Los individualistas deben aprender la dinámica de la comunidad (los colectivistas son los expertos) y los colectivistas deben apreciar la flexibilidad y la tolerancia por las diferencias (los individualistas son los expertos). Además, cuando colectivistas e individualistas leen sus Biblias respectivamente, sus perspectivas son diferentes. Cada uno ve lo que el otro podría no ver, y viceversa. El líder de misiones y profesor Paul Hiebert concluye que los cristianos pueden comprender mejor lo que Dios les está diciendo cuando se encuentran en el entorno de una iglesia multicultural (1987, 110–11).

Las culturas son dones de Dios y todas son beneficiosas para la iglesia.

Las culturas son dones de Dios y todas son beneficiosas para la iglesia. La cultura que heredamos de nuestra familia y comunidad (todas las culturas se aprenden) es valiosa para los demás. Cuando podemos unir nuestra diversidad de culturas en la iglesia, disfrutamos de los dones que Dios quiere que disfrutemos. Como la mezcla de diferentes personalidades, la fiesta es mejor por la diversidad. La iglesia es multicultural por una buena razón. Necesita ser. Cada cultura, con sus características, es un regalo que Dios le ha dado a la iglesia. El banquete de Apocalipsis 19 no es solo una comida étnica. No sería un gran banquete si solo fuera comida mexicana. Debido a que es rico en los mejores alimentos de todas las culturas y edades, este banquete es fantástico. De la misma manera, la iglesia es más rica y profunda cuando está en una relación multicultural. Ve y experimenta cosas que ninguna cultura por sí sola puede ver o experimentar. Como han señalado los líderes de la iglesia, cuando se trata de la adoración, la "fiesta" (entusiasmo) no se pone en marcha hasta que llegan los latinos. La estructura y la organización se definen cuando los estadounidenses participan. El llamado a la paz y la armonía no se enfatiza hasta que llegan los japoneses. La atmósfera de humildad y colaboración llega cuando los filipinos se unen al grupo. La teoría de los dones culturales es que nuestras culturas son únicas y valiosas, y son un plato que se sirve para que todos disfruten en el banquete del Señor.

2.2 La Sabiduría Intercultural que se Encuentra en la Diversidad

Salomón afirma en Proverbios 11:14 y 15:22, que más sabiduría surge de un grupo que de un individuo. Él enfatiza los beneficios de tener varias personas involucradas en el razonamiento y la toma de decisiones. San Agustín, un renombrado teólogo del siglo IV, está de acuerdo cuando explica que el aislamiento de los demás inhibe el conocimiento y la relación aumenta el conocimiento (2014, 195–97). Desafortunadamente, a menudo se ha pensado que las misiones son una calle de un solo sentido, y se supone que el misionero debe llevar sabiduría a los no creyentes. Este enfoque de calle de un solo sentido significa que, lamentablemente, se piensa que los nacionales en el campo misionero carecen de sabiduría.

Los enfoques de las misiones en los años 1800 y 1900 a menudo se basaban en la idea de que la cultura occidental era superior. El mundo necesitaba mejoras occidentales porque se pensaba que las culturas occidentales eran más avanzadas tecnológicamente que los países en desarrollo. La medicina occidental, la educación y los sistemas de administración ordenados, que las agencias misioneras promovían en todo el mundo, hicieron que los cristianos occidentales creyeran que su cultura era superior. El trabajo misionero implicó proclamar el evangelio y reemplazar lo que se consideraba culturas inferiores por una cultura más avanzada. La falta de tecnología en el mundo subdesarrollado dio la apariencia de que las culturas del campo misionero eran inferiores. La intención de los líderes de misiones fue buena; fue para mejorar las vidas de aquellos en el campo misionero con mejores medicinas, educación y orden social. Sin embargo, los esfuerzos de las misiones se basaron en el malentendido de que otras culturas eran inferiores porque estaban tecnológicamente subdesarrolladas. Por lo tanto, debían ser reemplazadas por una cultura cristiana (cultura occidental). Este enfoque de calle de un solo sentido privó a la iglesia de una mayor comprensión y sabiduría sobre el Reino de Dios. Fue un enfoque etnocéntrico (nuestra cultura es superior) a las misiones que resultó en que la iglesia occidental no pudiera escuchar y aprender de otros fuera de Occidente. Las otras culturas, que tenían sus propias características culturales que a menudo eran más avanzadas que las culturas occidentales, eran frecuentemente ignoradas.

> *El evangelio se realza a medida que avanza a través de las culturas.*

El desarrollo de la iglesia a través de conexiones relacionales interculturales se destaca en las ideas del historiador de misiones Andrew Walls. Walls explica que el evangelio siempre está en la carne (encarnación), y se traduce (entiende) a medida que se mueve de una cultura a otra (Walls 2006, 26). En consecuencia, la iglesia crece en su comprensión del evangelio. "La fe cristiana ha desarrollado características que solo podrían haberse originado en esa cultura cuya impronta ha tomado" (Walls 2006, 16). Walls quiere decir que la comprensión del evangelio mejora a medida que avanza a través de las culturas. Por ejemplo, el evangelio comenzó entre los judíos del primer siglo. Como resultado de esa cultura, el evangelio se centró en el pueblo judío, quiénes eran, qué hacían, las experiencias que tenían. La cultura judía reveló que el evangelio era experiencial. Luego se trasladó a griegos y romanos; para ellos lo que una persona creía era importante (Walls 2006, 17). La aceptación del evangelio por parte de griegos y romanos resultó en una teología sistemática, y los cristianos helenísticos (griegos/romanos) desarrollaron una comprensión sistemática y lógica de Dios y el Reino de Dios.

Pablo señala este fenómeno en 1 Corintios 1:22 cuando explica que los judíos querían una señal y los griegos querían entender. La implicación es que el evangelio, cuando llega a diferentes culturas, crece en revelación. A medida que pasa de una cultura a otra, se produce una mayor comprensión del evangelio. El evangelio es tanto señales judías (místicas) como comprensión racional griega (perspectivas lógicas). Al pasar de la cultura judía a la cultura helenística, el evangelio se profundiza y se comprende mejor el Reino de Dios.

Las diferentes culturas son sensibles a los conceptos del Reino que otras culturas no tienen.

Cuando el evangelio llegó a Europa, la iglesia se dio cuenta de lo que siempre había estado en las Escrituras. Los protestantes, con su perspectiva cultural europea, entendieron que había un sacerdocio de todos los creyentes. En Europa, la fe cristiana se desinstitucionalizó y se personalizó; todos los hombres y mujeres eran responsables y capaces de profesar su fe en Cristo y servir a Dios (Walls 2006, 20).

La interpretación del evangelio tiene lugar a medida que avanza a través de las culturas. Las diferentes culturas son sensibles a los conceptos del Reino que otras culturas no tienen. La iglesia obtiene más información y profundidad sobre el Reino de Dios a medida que pasa de una cultura a otra. A medida que uno rastrea dónde se mueve el evangelio en todo el mundo, se hace evidente que la iglesia está aprendiendo y creciendo. Las diferentes culturas de las que pasa el evangelio mejoran la comprensión de la iglesia del Reino de Dios.

La iglesia global proporciona la plataforma para que todos sus miembros se den cuenta de nuevos conocimientos sobre el Reino de Dios que ninguna cultura por sí sola puede comprender plenamente. El teólogo Richard Gaillardetz explica cómo funciona esto a través de dos dinámicas que tienen lugar en una iglesia global (Gaillardetz 2008, 73). Primero, compartimos nuestras experiencias y conocimientos con otra cultura. Descubrimos lo que nos hace diferentes. Encontramos nuestra singularidad cultural. Es difícil conocer nuestra propia cultura si no estamos en una comunidad multicultural donde podemos hacer comparaciones. En segundo lugar, encontramos nuestra "igualdad", nuestros puntos en común. Descubrimos, cuando estamos en una comunidad multicultural, tenemos muchos aspectos similares en nuestras culturas. Esta "igualdad" proporciona caminos para la empatía relacional. A través de la conexión intercultural, nos damos cuenta de las diferencias que nos hacen culturalmente únicos y descubrimos nuestros puntos en común como seguidores de Cristo. Este conocimiento ayuda a la iglesia a adquirir conocimientos a través de sus interacciones culturales (Gaillardetz 2008, 73). Esto es consistente con la teoría de la revelación general. Dios revela el yo de Dios de varias maneras a través de las Escrituras, la naturaleza e incluso las personas (Ott, Strauss, and Tennent 2010, 331–32).

Ninguna cultura sola captura el significado del evangelio.

Comprender nuestras diferencias es transformador. Las culturas participantes van más allá de sí mismas hacia nuevas entendimientos y realidades que se relacionan entre sí. Gaillardetz ilustra que el evangelio no se puede identificar con una sola cultura. Su riqueza se encuentra en una comunidad multicultural. El evangelio es trascendente; por lo tanto, ninguna cultura sola captura el significado del evangelio. Ninguna cultura es superior y todas las culturas son necesarias para comprender el Reino de Dios. Por lo tanto, la iglesia conectada globalmente en las relaciones captura la trascendencia del evangelio (2008, 73). El evangelio, en su complejidad y profundidad, se revela con mayor detalle a medida que diferentes culturas experimentan el evangelio y revelan lo que ven.

Los líderes de misiones y los teólogos explican que hay dos caras de la moneda de una cultura en particular. Un lado revela su talento y las formas en que la cultura beneficia a todas las personas, y el otro lado muestra sus excesos y daños. Así como todas las personalidades aportan beneficios positivos a su familia y comunidad, también tienen excesos que dañan la armonía y menoscaban la familia y la comunidad. El desafío para los misioneros es comprender el aspecto dañino de su cultura.

Todos luchamos por limitar nuestras características culturales dañinas y por comprender y practicar plenamente una cosmovisión bíblica (Hiebert 2008, loc. 5553). ¿Cómo entendemos mejor la cosmovisión de Dios y cómo entendemos mejor lo que hacemos como cultura que lastima a otros? El misionero y teólogo Paul Hiebert explica que una forma de comprender mejor la cosmovisión bíblica es mediante una comunidad multicultural. Señala que todos tenemos nuestros prejuicios y anteojeras culturales (2008, loc. 5704). Nuestra cultura nos ciega a las cosas que otros pueden ver. En una comunidad internacional, aprendemos las habilidades para comunicarnos entre nosotros; y también aprendemos costumbres, rituales, símbolos y normas culturales (2008, loc. 5704). Este compromiso intercultural nos permite aprender nuevas perspectivas sobre nosotros y Dios.

Por ejemplo, una cultura colectivista no solo habla de comunidad, sino que también lo demuestra por cómo viven sus vidas. Sus costumbres e incluso su idioma ilustran su gran valor para la comunidad. Los de culturas individualistas pueden aprender sobre la comunidad interactuando con los de culturas colectivistas. Como ejemplo, las culturas colectivistas tienden a valorar la familia multigeneracional. Se espera que los jóvenes y los mayores mantengan relaciones estrechas y vivan muy cerca. Un indicador importante de los valores culturales se encuentra en el idioma hablado en esa cultura. El lenguaje se desarrolla en torno a los valores de la cultura. Al aprender el idioma, se comprenden mejor los valores del grupo. [2] Esto ayuda a explicar por qué las relaciones interculturales son importantes para la iglesia. Nuestras perspectivas culturales ven cosas sobre Dios que otras culturas tal vez no vean. A través de la conexión internacional, compartimos y aprendemos unos de otros.

En una reunión con líderes de la iglesia, escuché una interesante conversación entre filipinos y japoneses. Los japoneses comentaron que admiraban cómo los filipinos pudieron tomar decisiones rápidamente y comenzar nuevos proyectos. Los filipinos admitieron que comienzan proyectos sin mucha planificación a largo plazo e improvisan sobre la marcha. Los japoneses lamentaron que su planificación sea extensa, muy colaborativa y requiera mucho tiempo. Y, en ocasiones, la amplia colaboración da como resultado la pérdida de oportunidades. En el caso de ambas culturas, sufren excesos. Los filipinos pueden ser demasiado impulsivos y fracasar debido a una mala planificación, y los japoneses pueden ser demasiado cautelosos y quedar paralizados al esforzarse demasiado por lograr un consenso total del grupo. Las dos culturas se necesitan mutuamente. Eso es cierto para todos nosotros.

La sabiduría sobre el Reino de Dios florece en una comunidad cristiana internacional.

La sabiduría sobre el Reino de Dios florece en una comunidad cristiana internacional. Sabemos más sobre nosotros mismos y el Reino de Dios cuando estamos conectados interculturalmente.

---

[2] Cuando se compara el español con el inglés, se puede ver cómo las culturas de habla hispana tienen más herramientas lingüísticas a su disposición para expresar conexiones relacionales. Una herramienta lingüística que tienen los hispanohablantes son las dos formas en que usan sus verbos. El más formal, "¿cómo está?" denota distancia o ambigüedad relacional. El menos formal "¿cómo estás?" denota familiaridad, una conexión relacional más profunda que "¿cómo esta?" El inglés no tiene un equivalente.

Cuando los cristianos están aislados en su propia cultura, adquirir sabiduría es mucho más difícil.

Es difícil ver las cosas como Dios las ve cuando estamos limitados por prejuicios culturales. A medida que el evangelio y la Biblia se mueven a través de las culturas, esas culturas pueden ver cosas que revelan las percepciones del Reino. Por ejemplo, la cultura colectivista comprende mejor a la comunidad y es sensible a las enseñanzas de la Biblia sobre la comunidad. La Biblia enseña la importancia del honor, la vergüenza y el sacrificio. La cultura individualista puede pasar por alto estas enseñanzas y detenerse exclusivamente en las preferencias personales y los derechos individuales. La cultura individualista proclama el valor de la personalidad individual y la necesidad de respetar a todos, independientemente de la posición social, esclavo, libre, joven, anciano, hombre o mujer. Estos valores individualistas tienen un fundamento bíblico. La cultura colectivista necesita escuchar estos valores. El concepto de sabiduría intercultural establece que los cristianos pueden ver mejor el mundo como Dios ve el mundo cuando están en una conexión intercultural. La iglesia y sus miembros se benefician cuando los cristianos se conectan interculturalmente y aprenden unos de otros.

2.3 La Teoría de la Tolerancia Intercultural (Cuadrante y Grupo)

Para relacionarse interculturalmente, es necesario comprender las diferencias culturales. Esas diferencias se expresan de diferentes formas. Los líderes de misiones y los antropólogos sociales teorizan que las diferentes culturas son una forma de cultura comunitaria o una forma de cultura individualista. Algunos teóricos de la cultura creen que las culturas tienden a moverse a lo largo de una línea vertical y una horizontal. Por ejemplo, los países de Europa tienden a ser más ordenados y los países de América Latina tienden a ser más flexibles y menos ordenados. En el lado superior de la línea vertical, se encuentran culturas que tienen estructura (un nivel fuerte de orden/organización), y en el lado inferior de la línea vertical, se encuentran culturas que son elásticas (un nivel débil de orden/organización). Algunas culturas son muy ordenadas y otras son más elásticas. Horizontalmente, por otro lado, las culturas de extrema izquierda son a menudo individualistas y las culturas de extrema derecha son comunitarias. Por ejemplo, los australianos son individualistas y la gente de China es más comunitaria. Cuando uno cruza las líneas horizontal y vertical, tiene cuatro cuadros, o cuatro cuadrantes, como un signo + (vea la figura a continuación).

GRUPOS CULTURALES	
(3) Orden fuerte e individualismo fuerte - Béisbol	**(1) Orden fuerte y comunidad fuerte** - Fútbol
(4) Orden débil e individualismo fuerte - Equipo de Golf	**(2) Orden débil y comunidad fuerte** - Vóleibol

Este marco sirve para ayudar a los misioneros y las organizaciones misioneras a comprender la dinámica cultural que enfrentan al trabajar en otras culturas. Se trata de dos dinámicas, individualismo versus comunalismo, y organización fuerte versus organización débil. [3] Estos diferentes cuadrantes reflejan una causa de malentendidos y conflictos.

Muchas analogías pueden ayudar a explicar estas cuatro

[3] Los términos comúnmente usados son cuadrantes (para organización o estructura) y grupo (para comunal) (Lingenfelter 1998, 26–28). La creadora de este concepto fue Mary Douglas (Douglas 2007). E cuadrante/grupo fue modificado y luego utilizado por el profesor de misiones estadounidense Sherwood Lingenfelter para explicar la dinámica intercultural en el campo misional.

formas de grupos sociales. Un ejemplo son los deportes de grupo.

Deportes comunitarios: 1. El fútbol americano es un sistema altamente organizado con jugadas y estrategias, y todos los jugadores tienen sus roles específicos. Todos se consideran igualmente importantes y se consideran a sí mismos un "equipo". 2. En el voleibol no hay jugadas ni estrategias complejas, y todos los jugadores son iguales. Ellos rotan puestos y comparten igualmente sus responsabilidades.

Deportes individualistas: 3. El béisbol es un sistema muy organizado, pero los jugadores también son agentes libres a menudo por su cuenta al batear y fildear. 4. El golf no requiere un equipo organizado y todos los jugadores son agentes libres.

El creador de esta idea fue una antropóloga secular llamada Mary Douglas que usó este concepto de cuadrante/grupo para analizar grupos de personas (Douglas and Fardon 2013, 266), no naciones enteras y sus culturas. Se centró en cómo los grupos de personas dentro de una organización o comunidad (cultura personal) tendían a moverse hacia uno de estos cuatro grupos. En la investigación de Douglas, a menudo hacía referencia a grupos políticos para ilustrar el cuadrante/grupo. Observó que los conflictos entre personas de un grupo tenían que relacionarse con personas de un grupo cultural diferente. Estos conflictos, naturalmente, provienen de diferentes puntos de vista (2013, 139). Douglas explicó cómo las personas en estos diferentes grupos, al interactuar con otros grupos culturales, a menudo se estresan entre sí debido a sus diferentes perspectivas culturales (2013, 267). Concluyó que el desacuerdo es bueno porque, a través de una comunicación democrática constructiva, surge una nueva comprensión (2013, 139). Además, concluyó que la diversidad de percepciones, aunque estresante para el grupo en diálogo, es fundamental para superar sus estrechas perspectivas

El desacuerdo es bueno porque, a través de una comunicación democrática constructiva, surge una nueva comprensión.

(2013, 140).

El líder de misiones y profesor Sherwood Lingenfelter se basó en el trabajo de Mary Douglas (Lingenfelter 1998, 25). Fue más allá de la cultura personal y aplicó esta idea a grupos étnicos o culturas. Su enfoque se centró en personas de diferentes culturas étnicas trabajando juntas (Lingenfelter 2008, 61). En otras palabras, las culturas de Lingenfelter cayeron en una de estas cuatro cajas. Concluyó que las personas que forman grupos multinacionales viven con su prejuicio cultural (su caja) y son jugadores de su propio juego cultural (2008, 61). Se dio cuenta de que existen tensiones dentro de una comunidad multicultural, una iglesia u organización cristiana (2008, 24-25). Creía que la teoría del cuadrante/grupo ayudó a explicar la razón de algunas de esas tensiones relacionales.

Creamos tensión cuando esperamos que otros jueguen nuestro juego social.

Douglas y Lingenfelter coinciden en que una comunidad multicultural es estresante. La tensión, en parte, proviene de personas de diferentes culturas que viven en una de estas cuatro cajas y tratan de trabajar juntas. Cada uno ve el mundo desde su perspectiva diferente. Cuando un grupo multinacional de líderes de la iglesia se reúne, o cuando los misioneros van al campo misionero, ven el mundo de manera diferente y tienen expectativas diferentes a las de los nacionales a quienes sirven. Tienen diferentes puntos de vista sobre lo que significa ser una comunidad, los derechos individuales, la lealtad, la organización, la flexibilidad, las reglas y el respeto. Según la investigación de Lingenfelter, las personas de diferentes culturas pueden generar confianza y trabajar juntas (2008, 80). El concepto de cuadrante/grupo ilustra cómo deben navegar a través de estas diferentes perspectivas. Como explican Douglas y Lingenfelter, todos entendemos nuestro mundo desde la perspectiva de nuestra propia caja cultural. Su punto es que debemos comprender nuestra caja cultural y también comprender las cajas culturales de los demás. Esta comprensión permite a los misioneros la capacidad de interactuar más eficazmente entre culturas.

El concepto de cuadrante/cuadrante es una solución a la cooperación intercultural. Ayuda a las personas en relaciones interculturales a navegar por sus diferencias y comprender diferentes perspectivas culturales (inteligencia cultural). Todos debemos reconocer nuestra cosmovisión preferida y reconocer sus diferencias con la cosmovisión de otras culturas. Como explica Lingenfelter, creamos tensión cuando esperamos que otros jueguen nuestro juego social (1998, 35). Esos cuatro cuadrantes ilustran la dinámica de grupo, es decir, cómo cada cultura comprende su comunidad y establece normas de comportamiento.

Por ejemplo, una cultura juega el juego diciendo que todos los miembros de su grupo son igualmente importantes, "somos un equipo de iguales". Esta perspectiva evita títulos que denoten superioridad (signo de igualdad). Cada persona tiene la misma importancia independientemente de su papel en el grupo. En este grupo, las reglas son esenciales porque protegen los derechos individuales.

Por el contrario, el otro grupo está jugando un juego diferente. Cada persona en este grupo tiene una posición, esa posición debe ser respetada. En este grupo cultural se honra a una persona por su antigüedad; por lo tanto, este grupo usa títulos (mostrando respeto por las posiciones). Este grupo es flexible en cuanto a reglas. Cuando el líder cambia las reglas, por respeto al líder, el grupo acepta el cambio.

El misionero a menudo tiene influencia, autoridad y control sobre los recursos que los nacionales en el campo misionero no tienen. El conflicto puede estallar fácilmente. Cada cultura, como lo ilustra el cuadrante/grupo, tiene su juego social y espera que todos sigan esas reglas. La adición de control administrativo y recursos a la mezcla multicultural crea una amplia oportunidad para malentendidos. Todos los participantes en el grupo multicultural tienen expectativas sobre cómo debería ser la comunidad y cómo deberían comportarse todos. La iglesia, si aspira a ser una iglesia global de muchas culturas, debe enfrentar los desafíos de una comunidad multicultural. Todos tenemos un sesgo cultural; tenemos nuestras preferencias y asumimos que el comportamiento de nuestra cultura es más correcto que el de otras culturas (Lingenfelter 1998, 35). Es importante darse cuenta de que un grupo cultural piensa que su juego social es el juego que todos los demás están jugando, o al menos deberían estar jugando. Por tanto, nuestras cajas culturales son una fuente potencial de tensión intercultural.

Los cuatro cuadros del cuadrante/grupo son en realidad más complejos que cuatro cuadros simples. Los antropólogos que han estudiado este enfoque de clasificación cultural de cuatro casillas observan que este no es un sistema de cuatro casillas ordenado y limpio. Si una cultura comunitaria siempre enfatiza la unanimidad antes de hacer cualquier cosa, se paraliza irremediablemente y no puede funcionar. Las culturas que son fuertemente comunales (conformidad de grupo y fuertes expectativas de grupo) a menudo toman prestado del cuadro del fuerte individualismo y experimentan con el autoritarismo. Hacen esto para compensar las debilidades encontradas en su fuerte caja comunal (Thompson, Ellis, and Wildavsky 1990, 88). Por ejemplo, China es una cultura comunal (Hofstede, Hofstede, and Minkov 2010, 97). El comunismo, como forma de gobierno, encaja perfectamente en una cultura colectivista. Pero China recurre a fuertes individuos autoritarios para liderar el Partido Comunista. Por tanto, la China colectivista utiliza a un individuo fuerte para mantener el grupo. El fuerte individuo autoritario ayuda al grupo a permanecer unido. Por otro lado, Hong Kong también es culturalmente chino. El pueblo de Hong Kong practica una forma democrática de gobierno y rechaza el autoritarismo. Tanto China como Hong Kong son culturas comunales, pero China tiende a tomar prestado del lado del individualismo para encontrar formas de satisfacer las necesidades del grupo.

La protesta de Hong Kong en 2019, que fue contra la influencia autoritaria china en Hong Kong, ilustró que muchos en Hong Kong rechazaron el enfoque autoritario de China. La protesta de Hong

Kong estuvo formada a veces por millones de personas, y no tuvo líderes. Los medios de comunicación occidentales estaban fascinados por el hecho de que el movimiento no tenía líderes visibles. El grupo chino de Hong Kong se formó como un grupo comunal de base. El pueblo de Hong Kong expresó el comunalismo chino, pero sin tomar prestado del fuerte individualismo autoritario.

Las culturas individualistas tienen sus desafíos. Si una cultura individualista solo enfatiza los deseos y derechos del individuo, se acercan a la anarquía. Por esta razón, las culturas individualistas enfatizan el trabajo en equipo. A menudo desarrollan manuales de políticas y reglas para mantener unido al grupo de personas y, por lo tanto, enfatizan el estado de derecho. A menudo se puede ver que las culturas individualistas toman prestado del lado del grupo comunal formando grupos altamente organizados. El presbiterianismo, que utiliza comités y congresos, es un buen ejemplo. Proporciona una forma para que las personas trabajen en equipo. La formación de grupos en una cultura individualista es estresante porque los miembros del grupo a menudo ponen a prueba los límites del grupo y cuestionan a los líderes. Estas culturas individualistas tienen lo que se llama "poca distancia de poder", por lo que las culturas enfatizan la igualdad del grupo y restan importancia a la idea de tener un líder fuerte. En una cultura colectivista, o "gran distancia de poder", poner a prueba o cuestionar los límites y los líderes es ofensivo (falta de respeto a los líderes) (Livermore 2009, 129). En una cultura individualista, poner a prueba los límites puede considerarse normal, incluso a veces elogiado con comentarios como, "Ella es nuestra creativa inconformista". Los límites son una herramienta importante que las culturas individualistas utilizan para mantener el grupo. Probar y cuestionar esos límites es solo parte del juego social individualista. Jugar el juego social de hacer preguntas a los líderes, en una cultura colectivista, crea conflictos y acusaciones de falta de respeto.

Los antropólogos sociales explican esta paradoja de la siguiente manera: cuando un grupo se atasca y no puede satisfacer las necesidades del grupo, tomará prestado de otra caja cultural. Como explica el libro *Teoría Cultural*, "una alianza puede ayudar a compensar los defectos de una única forma de vida" (Thompson, Ellis, and Wildavsky 1990, 89). Al tomar prestado de una caja diferente, la cultura equilibra las debilidades inherentes a su cosmovisión cultural. Por ejemplo, las culturas latinas suelen ser culturas comunales. Tienen altas expectativas de conformidad grupal. Irónicamente, también tienden a favorecer el uso de un "hombre fuerte" para liderar el grupo. Eugene Nida, un lingüista de misiones explica que, en el caso del autoritarismo latinoamericano, se usa un hombre fuerte para ganar la unidad del grupo (Nida 1974, 15). El líder autoritario ayuda a determinar la visión del grupo y los mueve hacia lo que beneficia a todo el grupo. (En el peor de los casos, el autoritario es egoísta y manipula al grupo.)

Trabajar transculturalmente implica navegar por una matriz cultural muy dinámica.

Por lo tanto, es importante darse cuenta de que los grupos culturales funcionan desde diferentes perspectivas. No son simplemente grupos con una sola forma de hacer las cosas. Las culturas individualistas enfatizan el trabajo en equipo y la igualdad, y las culturas colectivistas buscan individuos fuertes para guiar al grupo. A pesar de estas paradojas, cada grupo cultural sigue funcionando desde su propia perspectiva de cosmovisión. Cuando uno cruza para conectarse relacionalmente con una cultura diferente, la primera frustración es comprender el juego social de la otra cultura, y la segunda frustración es comprender la complejidad y las irregularidades de cómo se juega ese juego.

Trabajar transculturalmente implica navegar por una matriz cultural muy dinámica. La iglesia intercultural global y sus misioneros viven en esta complejidad de moverse entre diferentes cajas culturales. Trabajar entre culturas significa que el misionero debe hacer lo que a menudo se siente antinatural. La imagen bíblica del lobo y el cordero ejemplifica esta idea (Isaías

11: 6). Para que el lobo se acueste con el cordero, no puede actuar como un lobo (Law 1993, 3). Lingenfelter llama a este cruce de culturas el estilo de vida del peregrino. El peregrino abandona su preferencia cultural y se traslada a nuevas perspectivas culturales (Lingenfelter 1998, 35). Cuando un misionero se mueve hacia nuevas perspectivas culturales, se siente extraño porque el misionero se está alejando de su mundo conocido. Los misioneros son peregrinos culturales; se mueven entre culturas.

Al comienzo del período de servicio de un misionero, el misionero, para adaptarse a la nueva cultura, flexiona y cambia su visión del mundo. Eso significa que él o ella se abstiene de juzgar y tiene la actitud de un participante en esa cultura (1998, 37). Lingenfelter explica que el peregrino se sacrifica en el servicio y sufre (Lingenfelter 2008, 169). Como consecuencia de la adaptación a las nuevas perspectivas culturales, el misionero puede sentirse infiel a sus valores culturales, que también pueden sentirse en ocasiones como infidelidad a los valores religiosos. Este cambio de visión del mundo puede significar que la preferencia del misionero en temas como el nepotismo, la lealtad del líder, la propiedad personal, el cumplimiento de las reglas, la administración del tiempo y la honestidad tiene que cambiar.

A lo largo de los años, se han escrito varios artículos y reportajes sobre los desafíos culturales que las diferentes aerolíneas coreanas han tenido en el pasado. Un artículo del Wall Street Journal señala el problema cultural de la seguridad en la cabina coreana (Carley and Pasztor 1999). La raíz del problema ha sido la caja cultural de un sistema comunal de alta antigüedad (alta distancia de poder). Se considera irrespetuoso interrogar a una persona mayor, especialmente cuando esa persona es el piloto. Esto ha creado varios incidentes embarazosos para diferentes aerolíneas coreanas. En particular, el copiloto, y en algunos casos las tripulaciones de tierra han considerado ofensivo corregir a un coreano mayor. Sin embargo, respetar esta costumbre ha provocado accidentes, algunos mortales. Lo mismo ocurre cuando se trabaja de manera intercultural con los líderes de la iglesia coreana. Los líderes de mayor edad no deben ser cuestionados o, en el mejor de los casos, pueden ser cuestionados de una manera que parece un código secreto para los no coreanos. Afortunadamente, las aerolíneas coreanas ahora tienen amplios programas de entrenamiento de tripulaciones de vuelo que enseñan a los subordinados a hacer preguntas y sugerir soluciones, un procedimiento que ahora no se considera una falta de respeto. En el caso de la iglesia, es un desafío para los cristianos occidentales alejarse de las reglas o planes acordados y mostrar respeto incondicional al líder de la iglesia coreana y al grupo coreano que lo sigue; especialmente cuando el líder con antigüedad parece estar torciendo las reglas/acuerdos. Las diferentes perspectivas culturales de Oriente y Occidente sobre los subordinados y sus líderes ilustran el desafío de ser un peregrino cultural. Uno debe dejar de lado su preferencia cultural para poder jugar un juego cultural diferente.

Todos tenemos preferencias culturales, que a veces se sienten como creencias religiosas.

La teoría de la tolerancia intercultural se basa en la realidad de que todos tenemos preferencias culturales, que a veces se sienten como creencias religiosas. Pasar de nuestra propia perspectiva cultural y aprender a jugar un nuevo juego social requiere tiempo, flexibilidad y paciencia. Cambiar las cajas culturales puede hacer que una persona se sienta infiel o como si se estuviera alejando de sus creencias fundamentales. Los niños biculturales posiblemente luchan con las mismas preguntas: "¿Quién soy yo culturalmente? ¿Cuáles son mis valores y normas culturales?" El individualista que vive en una estructura organizacional fuerte con reglas y orden puede luchar con la cultura comunal que vive en lo que parece ser favoritismo, nepotismo y reglas flexibles. Las culturas comunales a menudo tienen "hombres fuertes" (líderes autoritarios). Este juego social comunitario puede parecerle una mafia a un individualista. Incluso se espera que el misionero se ajuste a las expectativas del líder fuerte. El misionero individualista o la iglesia de envío individualista pueden luchar con la falta de igualdad y justicia en esta caja cultural diferente. Una persona que proviene de una cosmovisión de igualdad individual puede requerir ajustes para convertirse en parte de un grupo liderado por autoritarios donde no todos son iguales.

La teoría de la tolerancia intercultural significa que uno retiene el juicio y aprende a jugar el juego social. Como pasar del fútbol al voleibol, las reglas son diferentes. Paciencia significa que uno se toma el tiempo necesario para aprender las reglas y luego jugar. La actitud lo es todo; la humildad y la voluntad de aprender es vital. Pasar de una caja cultural a otra no es fácil. Pero como muchos atestiguan, con el tiempo y con la experiencia se aprende el juego e incluso se aprende a apreciarlo. Después de luchar para aprender el nuevo juego social, es satisfactorio darse cuenta de por qué la gente hace lo que hace. Los misioneros eventualmente son aceptados en la tribu/grupo si aprenden el juego. Una organización internacional o una iglesia global debe abordar el reparto del poder y la toma de decisiones de la misma manera. Somos peregrinos y aprendemos los juegos culturales ajenos con paciencia y humildad. Aprendemos a jugar y a apreciar el nuevo juego cultural.

La teoría de la tolerancia intercultural significa que uno reprime el juicio y aprende a jugar el juego social.

2.4 Culturas de Honor y Vergüenza

La mayor parte del mundo entiende el comportamiento de grupo dentro del contexto de un grupo comunal. Estos grupos comunales utilizan un sistema social que lleva el concepto de honor y vergüenza. El honor y la vergüenza son la cosmovisión predominante en Asia y otras partes del mundo. La perspectiva estadounidense sobre el comportamiento aceptable se basa en la justicia, lo correcto y lo incorrecto. El honor y la vergüenza, por otro lado, implican respeto y lealtad.

Las culturas de la justicia creen en las reglas y en la obediencia a esas reglas. La justicia es ciega y todos son tratados por igual según las reglas (Moon 2017, 8). En una cultura de justicia, la equidad es un valor muy alto. En contraste, en una cultura de honor, el respeto es un valor alto. La equidad está relacionada con el castigo cuando uno rompe las reglas; y el castigo no respeta la edad, la riqueza, la posición o la raza. El pecado se entiende como una infracción de las reglas, y el arrepentimiento es confesar que uno es un infractor. El pecador paga una pena y luego es devuelto a la comunidad al aceptar seguir las reglas (2017, 8). El perdón es aceptar al quebrantador de reglas arrepentido de regreso a la comunión del grupo. Un aspecto importante de una cultura de justicia es la transparencia y la franqueza (Branson and Martínez 2011, loc. 1551). Cuando se rompen reglas o acuerdos, es apropiado confrontar a la persona que las infringe. En una cultura de justicia, la honestidad es más importante que la lealtad (Moreau, Greener, and Campbell 2014, 198). La devoción por los compañeros es secundaria a la devoción por el bien y el mal. El grupo individualista ciertamente desaprueba el favoritismo. El grupo sigue las reglas y no la presión del grupo (2014, 198).

En una cultura de justicia, la equidad es un valor muy alto. En contraste, en una cultura de honor, el respeto es un valor alto.

"Back to God's Village" (De Regreso a la Aldea de Dios), un breve video de dibujos animados que se encuentra en YouTube y otros sitios web, explica el mensaje del evangelio desde la perspectiva del honor y la vergüenza. Ilustra cómo se ve el evangelio cuando se presenta como una historia de honor y vergüenza. El video explica que Dios creó al hombre y a la mujer y les dio un gran honor. Dios caminó con ellos y les permitió disfrutar de la creación de Dios. Incluso mientras estaban desnudos, no tenían vergüenza. Sin embargo, al buscar más honor y gloria para sí mismos, pecaron. Como resultado, se sintieron avergonzados. Debido a que Dios es honorable y el hombre y la mujer no lo son, Dios los envió fuera del jardín de Dios. Su vergüenza provocó rechazo. Perdieron su honor; ya no pertenecían. Todos sus descendientes vivían en la misma vergüenza familiar heredada, como ser hijos de un asesino o una prostituta. En un esfuerzo por recuperar el honor, la humanidad se separó en grupos y trató de decir que su grupo era más honorable que los demás. A menudo luchaban entre sí, tratando de ganarse el respeto de los otros grupos y ser honrados y glorificados por otros. Dios envió al Hijo de Dios, Jesús, la única persona honorable en la tierra.

En el contexto de honor y vergüenza, Jesús dice que tomará nuestra vergüenza si lo honramos. Seguir a Jesús nos saca de nuestro grupo que se esfuerza por obligar a otros a honrarnos. Seguir a Jesús nos trae honor y paz. Desde la perspectiva de las culturas comunales, la historia del evangelio no se trata de justicia, hacer el bien y volverse justo. El evangelio se trata de perder nuestra vergüenza y honrar al Señor y ganar la aceptación y el honor de Dios para ser justos.

En el contexto del honor y la vergüenza, Jesús dice que tomará nuestra vergüenza si lo honramos.

Lucas 16 comparte una interesante parábola sobre el administrador deshonesto que gana honor. El hombre rico sospecha que su gerente es deshonesto y le ordena que le proporcione un informe completo de su trabajo. El hombre rico planea exponer el robo y despedir al gerente por su deshonestidad. Al darse cuenta de la terminación inminente, el gerente hace tratos deshonestos con aquellos que le deben dinero al rico. Les dice que pueden saldar sus cuentas pagando solo un porcentaje de lo que deben. Jesús dice que el gerente fue sabio.

Una vez despedido, Jesús explicó que será honrado por aquellos a quienes ha ayudado y que será recibido en sus hogares. Jesús nota que el gerente ha hecho muchos amigos y que ganará el honor de las personas a las que ayudó. Aquellos que ayudan a otros son honrados por aquellos a quienes ayudan.

Cuando el honor es el estándar social, se basa en ser honrado por otros. Así, la comunidad define a la persona. El honor ocurre cuando un grupo o una persona de poder/antigüedad y posición determina que una persona es aceptable; la persona es muy valiosa para el grupo (o el líder del grupo). Esta persona es una persona valiosa (Moreau, Greener, and Campbell 2014, 195). Para mantener el honor, uno lo hace en el contexto de una relación con una persona de poder o en el contexto de un grupo. Uno hace lo que espera el grupo o la persona de mayor poder, no necesariamente lo que quiere hacer (2014, 195). Esto también significa que existe un cierto nivel de favoritismo. Uno es favorecido, y se espera que el otro favorezca a los de su propio grupo sobre las personas de otros grupos (2014, 196). Esta dinámica también se ve dentro de las familias en una cultura comunitaria; las familias cuidan a los miembros de su familia. Las reglas son secundarias a la lealtad. La parábola de Lucas 16 mencionada anteriormente muestra cómo el administrador proporciona favores y gana honor. Paradójicamente, el gerente rompe las reglas para ganar honor, pero se le llama sabio.

Un desafío cultural que los estadounidenses tienen a menudo es seleccionar líderes de fuera de los Estados Unidos para servir en comités multinacionales. El enfoque estadounidense es encontrar a la persona más calificada y pedirle que sirva. Los estadounidenses, que ven el mundo desde su perspectiva cultural, creen que cada persona tiene derecho a decidir si quiere formar parte de un comité o no. Este enfoque no toma en consideración las conexiones culturales que se encuentran en las culturas comunales de honor y vergüenza. Una de dos cosas suele suceder cuando los estadounidenses piden a otros que formen parte de un comité o junta. Uno, la persona a la que se le pide que sirva va a su "grupo" y le pregunta si puede aceptar la invitación para servir en el comité. En el otro caso, la persona acepta la invitación y pronto los líderes de la iglesia reciben comunicaciones de protesta preguntando por qué no se consultó al "grupo" acerca de esta persona que forma parte del comité o equipo. En ambos casos, los estadounidenses interpretan la necesidad de obtener la aprobación del grupo como un control absoluto del individuo.

En la cultura de honor y vergüenza, la persona con suficiente honor debe representar al grupo en un comité. Esto ilustra las culturas de honor; el grupo participa en las decisiones relacionadas con los nombramientos de una persona para un puesto. El individuo no es libre de decidir solo. El grupo y sus líderes son los que deben determinar si la persona tiene la edad, el estatus y el respeto del grupo para tener el honor de servir en el comité. Esto significa que el líder de la iglesia joven, bien educado, enérgico y que habla inglés puede no ser la mejor persona para servir en el comité internacional. Él o ella es demasiado joven, posee un estatus bajo y no tiene suficiente honor. Las cualificaciones y el deseo de servir de esta persona son irrelevantes. La cultura de la justicia es individualista y cada persona es una isla. Si una persona es capaz y está disponible, debe tener derecho a hablar individualmente y formar parte de un comité. "Todos somos iguales", dice la cultura de la justicia. La cultura del honor quiere que su representante sea una persona de estatus de su grupo.

> *"La vergüenza es de naturaleza social, mientras que la culpa es individual."*

La vergüenza es una herramienta de control del comportamiento. Es una herramienta para castigar y mantener a las personas en línea (Moreau et al. 2014, 196). La vergüenza ocurre cuando una persona se ha comportado de una manera que no es consistente con los valores del grupo (2014, 201) y la persona es avergonzada por un líder del grupo. La vergüenza puede venir como resultado del linaje o de un pariente que fue una vergüenza para la comunidad (2014, 202). En este caso, la vergüenza implica que la persona no sea aceptada por el grupo. En una cultura de justicia, la gente peca; pero en una cultura de honor, un pueblo se queda corto. No están a la altura (2014, 204). Por lo tanto, es posible que el grupo nunca acepte a una persona que se sienta avergonzada, incluso si se arrepiente de su error o se disculpa por la reputación de su familia. La vergüenza también puede implicar una palabra o un acto que se entiende como una falta de respeto. Una persona se avergüenza por el discurso o el trato irrespetuoso de los demás. La persona con poder espera ser honrada con lealtad y admiración. En una cultura de honor/vergüenza, los líderes son corregidos, no a través de una confrontación directa sino a través de una danza delicada que protege su honor (Branson and Martínez 2011, loc. 1558).

La diferencia entre las culturas del honor y la justicia se basa en la estructura social de una persona. Uno es comunitario (vergüenza) y el otro es individualista (culpa). "La vergüenza es de naturaleza social, mientras que la culpa es individual" (Hofstede, and Minkov Hofstede 2010, 109). La vergüenza es el sentimiento que una persona tiene en el contexto de un grupo, la persona no cumple con las expectativas del grupo o líder. La culpa es lo que siente una persona cuando no cumple con las reglas o estándares del grupo (2010, 109). Perder el honor también se conoce como quedar "mal" (Moreau, Greener, and Campbell 2014, 195). Quedar mal está relacionado con la vergüenza, es cuando una persona ha sido humillada. Si una persona es irrespetada/deshonrada, entonces la persona ha quedado mal (honor) y es humillada. Quedar mal puede resultar cuando una persona de menor estatus le pide a una persona de mayor estatus que le explique lo que está haciendo.

La comunicación entre las culturas de honor y justicia puede ser complicada.

La comunicación entre las culturas de honor y justicia puede ser complicada. Si una persona de una cultura de justicia le hace preguntas a un líder de una cultura de honor o le sugiere al líder un enfoque diferente, esto puede interpretarse fácilmente como una falta de respeto. Se puede abordar a los líderes en una cultura de honor, pero es con el mayor respeto y humildad. Los de la cultura de la justicia encuentran esto difícil de hacer. Aceptar la decisión de un líder sin cuestionar puede llevar a tolerar la ruptura de las reglas del líder o ignorar la dirección equivocada obvia que está tomando el líder. Hablando éticamente, las culturas individualistas requieren franqueza y transparencia. En un sistema social de individuos, el uso de reglas permite la libertad de hacer preguntas a otros en el grupo. El capataz del grupo individualista no es una persona, son las reglas. Hacer preguntas sobre las reglas no es personal. Como suelen decir los individualistas, cuando desafían la decisión de un líder, "esto no es personal". El sistema social de honor/vergüenza se centra en la lealtad. El grupo está compuesto por leales al grupo y, en particular, por los líderes reconocidos del grupo.

El ritual a menudo elimina la vergüenza. Las personas pueden regresar al lugar que les corresponde en el grupo o ser restauradas a un lugar de honor con su líder, haciendo algo para demostrar que están arrepentidas. El ritual es su expresión de contrición (Moreau, Greener, and Campbell 2014, 197). En un sentido real, el bautismo puede entenderse como un ritual de arrepentimiento en el que no es necesario revelar los pecados de uno como parte del ritual.

El ritual es una forma de salvar las apariencias o de disculparse sin ser conflictivo.

Hace varios años, como director de misiones, supe de un conflicto entre los líderes en un país asiático. La persona que votó para liderar el grupo tuvo un conflicto con uno de los otros líderes muy capaces del grupo. Uno de los líderes jóvenes, que no tenía ningún cargo de influencia, fue mi informante. La situación y el conflicto continuaron durante varias semanas. Un día recibí una llamada de mi informante que me explicó que estos dos líderes en conflicto habían danzado juntos en un retiro (en el contexto de un servicio de adoración). Después de hacer algunas preguntas, me di cuenta de que estaba explicando que el baile era una señal de que los dos líderes se habían reconciliado. Según mi informante, los líderes se reconciliaron porque habían danzado.

El ritual es una forma de salvar las apariencias o de disculparse sin confrontar y sacar a relucir las heridas del pasado (lo cual es deshonroso). Curiosamente, la Biblia comparte muchos rituales que nos devuelven a Dios y a nuestra comunidad. Esta restauración tiene lugar cuando admitimos que estamos equivocados al hacer un ritual, no al explicar por qué hicimos lo que hicimos, o al revivir lo que hicimos, o al contar lo que hicieron los demás. En el Antiguo Testamento, los pecadores hacían sacrificios, se arrepentían en cenizas, rasgaban sus vestidos avergonzados, soltaban chivos expiatorios y ungían reyes y profetas.

En una cultura de justicia/culpa, el informe de reconciliación entre personas en conflicto es diferente. No es un ritual de baile. Es una admisión pública de culpabilidad. "Nos reunimos en la iglesia la semana pasada y lo hablamos. Se disculparon por lo que hicieron. Todos aprendimos de la situación y ahora todos seguimos adelante como equipo". La cultura de justicia/culpa siente que es necesario revivir la ofensa, aclarar los errores, reexaminar las reglas y políticas y luego perdonar.

El juego social del honor y la vergüenza involucra a personas que viven en comunidad y establecen un comportamiento grupal conforme al grupo, en particular a las expectativas del líder o líderes del grupo. Vivir dentro de las normas del grupo demuestra honor. No cumplir con esas expectativas produce vergüenza y potencialmente aislamiento del grupo. El concepto de honor y vergüenza está, por tanto, centrado en la comunidad. Las personas tienen una relación correcta con Dios y entre sí (las reglas pueden ser imperfectas). Así como la Deidad se apresura a glorificarse unos a otros en el grupo, también los miembros del grupo deben apresurarse a honrarse unos a otros. Dios nos honra y nosotros honramos a Dios. Por esta razón, los grupos de honor/vergüenza usan términos como "Señor" y "obediencia" y "sumisión". Estos son términos que se encuentran en las Escrituras y son conceptos que las culturas de honor comprenden. Las culturas de justicia/culpa se estremecen cuando escuchan términos como "obediencia" y "sumisión" en el contexto de ser parte de un grupo. El término "sumisión" no habla de su valor cultural de igualdad.

Con respecto a las misiones, las culturas de honor/vergüenza no son superiores a las culturas de justicia/culpa, pero ciertamente son diferentes. Es útil comprender una perspectiva diferente del Reino de Dios. Las culturas de honor/vergüenza ocupan la mayor parte del marco cultural de nuestro mundo. Este es el sistema cultural que la mayoría de la gente usa para gobernar el comportamiento apropiado. Los estadounidenses provienen de un marco cultural diferente. Para ser efectivos en el trabajo misionero fuera de los EE. UU., Los misioneros deben comprender y apreciar las perspectivas de honor/vergüenza. Para ser una iglesia intercultural conectada, la conciencia de estos sistemas culturales es indispensable. Aquellos en relaciones interculturales se beneficiarán mejor si aprecian la realidad de que la comunicación debe tener en cuenta las perspectivas de honor/vergüenza. Y finalmente, la corrección y orientación de un líder o grupo de la cultura del honor/vergüenza solo es posible si se hace de manera que no lo humille ni lo avergüence.[4] Ese enfoque puede implicar un ritual. El ritual ayuda a las personas a moverse hacia un nuevo futuro sin entrar en todos los detalles del pasado.

Con respecto a las misiones, las culturas de honor/vergüenza no son superiores a las culturas de justicia/culpa, pero ciertamente son diferentes.

2.5 El Nivel Medio Sobrenatural

Uno de los desafíos para los misioneros y la conexión intercultural global es el choque de visiones del mundo sobre lo sobrenatural. A menudo, el misionero en el campo misionero y los de la iglesia global tienen diferentes entendimientos sobre lo sobrenatural. La iglesia intercultural global es una mezcla de personas de países desarrollados y en desarrollo. Los países desarrollados son aquellos que tienen economías e infraestructura desarrolladas. La educación es prolífica y casi todo

[4] Las culturas de honor/vergüenza tienden a utilizar a los hombres como líderes. Esto es consistente con la idea de roles y posiciones de honor. Las culturas individualistas enfatizan la igualdad de las personas, y la igualdad de género es una expresión de justicia. Sin embargo, cada vez más culturas de honor están permitiendo mujeres líderes.

el mundo puede recibir una buena educación. Los negocios son ágiles y fáciles de realizar. Los sistemas de transporte mueven personas y mercancías con facilidad. La burocracia gubernamental no juega un papel paralizador. Estos países ponen a disposición las prácticas médicas más actualizadas y modernas. La policía y el ejército están controlados y respetados. Hay profesionales altamente capacitados disponibles para ayudar si alguien necesita apoyo emocional. Las personas que necesitan ayuda con sus negocios, reparaciones en el hogar, medicamentos, adiestramiento de mascotas o incluso sus jardines tienen acceso a profesionales en los campos que brindan orientación experta.

Los países desarrollados son países modernos porque los avances científicos están presentes en la sociedad. La iglesia y sus miembros en los países en desarrollo tienen la ventaja de contar con mucha infraestructura tecnológica. La iglesia sabe de teología y consejería; tiene estrategias de educación y crecimiento. Vive en sistemas políticos estables y predecibles. Sabe cómo referir a sus miembros a profesionales cuando necesitan ayuda especializada. Los misioneros a menudo se llevan esta experiencia de la iglesia al campo misionero. Sus experiencias de vida se basan en una cosmovisión ordenada y científica. Sin embargo, en el campo misionero, se encuentran en un mundo de demonios, espíritus, maldiciones, curaciones y espiritismo.[5] Ignorar o denunciar esta cosmovisión no la hace desaparecer.

La iglesia y sus miembros en los países en desarrollo tienen la ventaja de contar con mucha infraestructura tecnológica.

Los desafíos de la vida se pueden examinar de otra manera, que es religiosa. Paul Hiebert, un misionero y profesor de

---

[5] Espiritismo - Esta palabra tiene que ver con la práctica de llamar a los espíritus usando médiums, o "espiritistas" que profesan comunicarse con los espíritus. La creencia de que los espíritus pueden revelar nueva información y que pueden efectuar cambios en la vida de una persona se ve comúnmente en los países en desarrollo.

misiones, dice que hay dos perspectivas básicas (o niveles/ paralelismos) que el mundo desarrollado moderno tiene como visión del mundo. Un nivel es la religión. El otro nivel es la ciencia (Hiebert 1994, 195–96).

En el área de la religión, el mundo moderno comprende que Dios ha puesto las cosas en su lugar; y el mundo avanza según el plan de Dios. El Reino de Dios es un sistema en un mundo invisible. Los seres humanos, por fe, creen en el mundo invisible y su sistema, y aprenden el sistema a través de las Escrituras y el estudio. La comprensión del sistema bíblico da forma a sus creencias y comportamiento ético. Por tanto, la fe cristiana conduce a creencias correctas y comportamientos apropiados. Como cristianos en un país desarrollado, su enfoque es obtener la verdad, comprender el mundo invisible lo mejor que puedan y adaptar sus vidas a ese entendimiento. Por lo tanto, esta perspectiva ve la religión como algo de un mundo invisible (Ott, Strauss, and Tennent 2010, 253), y la responsabilidad del cristiano es comprender ese mundo.

Un nivel es la religión. El otro nivel es la ciencia.

La religión involucra un mundo invisible, pero la ciencia involucra el mundo visible. La ciencia ayuda a las personas a navegar por el mundo visible todos los días (2010, 253). Los observadores pueden aprender cosas y pueden confiar en los expertos educados y capacitados para ayudarlos cuando se trata de problemas concretos del mundo real. La fe de una persona y la comprensión de los conceptos bíblicos proporcionan una mayor comprensión del mundo invisible. Por lo tanto, para alguien en un país desarrollado, esa persona vive en una cosmovisión de dos niveles; la religión es el sistema invisible y la ciencia es el sistema visible (2010, 253). Los dos niveles están separados entre sí. En el mundo moderno y desarrollado, una persona puede cambiar de uno a otro. Nuestra vida religiosa se centra en lo abstracto y trata de comprenderlo. Vivimos nuestras vidas éticas y morales en consecuencia. Pero cuando tenemos un problema del mundo real, cambiamos a la ciencia para ayudarnos a responder o resolver problemas del mundo real.

Por ejemplo, cuando estamos enfermos, oramos, generalmente una oración que afirma el sistema soberano de Dios. "Todas las cosas funcionan para bien". Oramos para que Dios no nos dé más de lo que podemos manejar. Oramos que no suceda nada fuera de la conciencia de Dios, y que crezcamos en carácter y fe a partir de esta dificultad. La religión nos guía en nuestra vida ética y da forma a nuestros comportamientos y creencias, pero la ciencia (blanda y dura) es lo que realmente impulsa nuestra vida cotidiana (medicina, economía, biología, psicología, sociología, física, química, teoría de la educación, agricultura, etc.). Después de orar, llamamos al médico; o mejor aún, llamamos al médico y luego oramos. El médico nos curará y Dios nos dará entendimiento. Esta cosmovisión es la forma en que el mundo desarrollado a menudo entiende el Reino de Dios en relación con los problemas de la vida real. El enfoque de dos niveles es el enfoque cristiano en el mundo desarrollado. Este enfoque no deja mucho espacio para lo sobrenatural.

Este enfoque [de dos niveles] no deja mucho espacio para lo sobrenatural.

Varios escritores de misiones hablan sobre los desafíos que tiene el mundo occidental con la "guerra espiritual". [6] El misionero occidental llega al campo misionero con la ciencia y el análisis como una forma de resolver problemas. Los misioneros se enfrentan a culturas y cristianos que aceptan la cosmovisión de que los poderes espirituales están influyendo en la comunidad de esas culturas. Las personas en los países en desarrollo no están abordando los desafíos de la vida con solo explicaciones científicas racionales. Los bautistas y presbiterianos ven a sus

[6] Para una mejor comprensión de la guerra espiritual desde una perspectiva misionera, considere estos libros, Hermenéutica intercultural (Henning Wogemann 2016), La guía evangélica para la guerra espiritual: Perspectivas bíblicas e instrucción práctica sobre cómo enfrentar al enemigo (Charles Kraft 2015), Reflexiones antropológicas sobre cuestiones misiológicas (Paul Hiebert 1994).

líderes e iglesias fuera del mundo occidental involucrados en exorcismos y servicios de curación. Cuando escuchan historias de bautistas o presbiterianos expulsando demonios, se ponen nerviosos. Estas prácticas de guerra espiritual están fuera del ámbito de comprensión de la línea principal del cristianismo occidental.

Los cristianos de iglesias históricas se preguntan si esto es manipulación. ¿Se han infiltrado los pentecostales en la iglesia? ¿Es esto emocionalismo excesivo? ¿Es esto dañino? Estas prácticas de guerra espiritual, para las iglesias del mundo en desarrollo, son relevantes y deseadas. Toda la cultura, incluso los no cristianos, tiene una cosmovisión según la cual los espíritus marcan la diferencia en la vida de las personas. Los espíritus, los demonios, las maldiciones, no se pueden ignorar. Cuando los cristianos de estos países leen sus Biblias, ven curaciones, demonios, milagros, que afirma lo que ya sabían: la humanidad vive en un mundo espiritual vibrante.

El misionero occidental puede tener dificultades con el uso de estas prácticas sobrenaturales en su ministerio, pero ciertamente son aceptables para la iglesia del mundo no occidental. Los misioneros occidentales, como resultado de vivir en el contexto de la guerra espiritual, se encuentran confundidos y frustrados. No pueden y no quieren apreciar las complejidades de la guerra espiritual. Esta confusión y frustración también se encuentra en la iglesia intercultural global. La iglesia global en el mundo en desarrollo busca poder espiritual para intervenir, y la otra parte de la iglesia global (occidental) busca sabiduría y comprensión. [7] Cada lado de la iglesia global cuestiona la sinceridad y ortodoxia del otro lado. La iglesia occidental es vista como excesivamente

---

[7] Es importante no simplificar demasiado la aceptación y el rechazo de la guerra espiritual. Muchos líderes de iglesias en países en desarrollo no practican la guerra espiritual, y muchos líderes de iglesias en países desarrollados lo hacen. Dicho esto, en cada parte del mundo, algunas tendencias son más comunes en esa parte que en otra parte del mundo. Por lo tanto, algunas culturas usan la guerra espiritual más que otras. En el mundo en desarrollo, los no cristianos mantienen una visión del mundo que afirma la guerra espiritual, esto no es cierto en el mundo desarrollado.

ritualista e impotente, y la iglesia del mundo en desarrollo es vista como manipuladora y emocional.

Las personas en el mundo menos tecnológico comúnmente tienen un nivel/plano medio, una especie de puente que conecta sus vidas religiosas y sus vidas cotidianas concretas. La mayoría de los misioneros y las iglesias históricas occidentales no tienen un nivel intermedio. O se basan en el mundo invisible de la religión o en el mundo visible de la ciencia. Las personas en el mundo en desarrollo tienen un puente de causa y efecto que involucra a su mundo religioso conectándose con su mundo concreto cotidiano. El mundo espiritual se experimenta en la enfermedad, en las cosas que no salen como se esperaban o planearon, en las relaciones rotas, en los negocios fallidos, en la muerte, en el mal comportamiento, en los momentos de éxtasis emocional y en las personas en tormento emocional. La solución a estos problemas radica en la guerra espiritual, en confrontar estos poderes espirituales antes de que puedan dañar la calidad de vida (Ott, Strauss, and Tennent 2010, 252).

Las personas en el mundo menos tecnológico comúnmente tienen un nivel/plano medio, una especie de puente que conecta sus vidas religiosas y sus vidas cotidianas concretas.

El misionero llega al campo de misiones y los nacionales asumen que el misionero es espiritual y se unirá a ellos en la guerra espiritual. A menudo, los misioneros occidentales están totalmente fuera de su elemento; solo tienen una mentalidad de dos niveles. Para estos misioneros, los problemas de la vida requieren un psicólogo o un médico, no una reunión de oración que dure toda la noche o la imposición de manos para expulsar demonios. La iglesia global en conexión relacional tiene estos mismos problemas relacionales. Cada uno a menudo piensa erróneamente que otros miembros de la familia de la iglesia que viven en otros países tienen visiones del mundo similares. La conexión relacional global revelará que hay diferentes cosmovisiones cristianas dentro de la misma familia de iglesias globales relacionadas con lo sobrenatural.

Muchos misioneros y las principales iglesias occidentales no están acostumbrados al nivel medio de lo sobrenatural. A menudo, la perspectiva occidental aboga por creencias correctas que influyen en nuestro comportamiento y utilizan la ciencia para resolver nuestros problemas. Algunos líderes misioneros dicen que, como resultado, los misioneros se han convertido en una fuerza para secularizar el campo misionero (Ott et al. 2010, 253). A menudo, la solución occidental consiste en animar a todos a comprender mejor el mundo invisible de Dios y a confiar en la ciencia para ayudarlos con sus problemas de la vida real. El misionero aporta creencias sobre Dios y tecnología secular para los problemas cotidianos. Los líderes de misiones expresan preocupación por la manipulación y el emocionalismo y evitan el nivel sobrenatural. Evitar lo sobrenatural tiene consecuencias. Primero, evitar el mundo espiritual empuja a los cristianos a considerar solo la ciencia secular para resolver problemas. La otra consecuencia es que los cristianos pueden determinar que la iglesia no tiene una cosmovisión espiritual y continuar buscando el *"espiritismo"* para ayudarlos con sus problemas del mundo real. Si la iglesia (y sus misioneros) no pueden proporcionar un puente, un nivel intermedio entre la religión y los problemas del mundo real, el nacional puede buscar una solución alternativa. Este enfoque puede llevar al sincretismo, el evangelio mezclado con otras religiones mezclándolos en algo que ya no es cristiano. O en otros casos, el misionero ve personas que abandonan su iglesia que cree en la Biblia para unirse a una iglesia menos "educada" que no enseña la verdadera "Palabra". Los nacionales se unen a una iglesia que tiene prácticas relacionadas con lo sobrenatural.

El primer paso para la iglesia histórica occidental y para los misioneros occidentales es entender que los occidentales a menudo tienen un medio sobrenatural subdesarrollado; no hay un puente. El campo misionero no lo ha perdido; la iglesia del mundo moderno lo tiene. Muchos misioneros han tratado de disuadir al campo misionero de este puente sobrenatural, pero solo resulta en que el misionero sea visto como poco espiritual e irrelevante. El campo misionero quiere que sus misioneros sean practicantes de la fe, no solo filósofos de la fe. Aquellos en el mundo en desarrollo quieren ser parte de una familia eclesiástica global que afirma lo sobrenatural. La gente quiere saber que el Dios del cielo se relacionará con ellos de manera real, concreta y sobrenatural.

Las denominaciones bautistas, metodistas, luteranas y presbiterianas creen que Dios está activo en nuestro mundo. Dios no es tan exagerado como lo entiende el mundo en desarrollo. Los no pentecostales ven las circunstancias, la estabilidad y el orden como evidencia de la obra de Dios en el mundo. Los cristianos del mundo desarrollado creen que un buen examen médico o conseguir un nuevo trabajo ilustra a Dios trabajando. Además, aprender de nuestro sufrimiento demuestra la mano de Dios en nuestras vidas (Smedes and Fuller Theological Seminary 1987, 55). Tener un hogar y un negocio estables revela la conexión de Dios con nosotros. Ver la naturaleza en todo su esplendor es Dios obrando. Aquellos con una sensibilidad hacia el medio sobrenatural (el puente entre el mundo de Dios y nuestro mundo) están de acuerdo con esto, pero también tienen una gran expectativa de que cuando una persona llama a Dios, Dios escuchará y responderá. Los enfermos, los atormentados, los quebrantados de corazón, los desempleados, los asustados, pueden llamar a Dios y experimentar a Dios.

Pronto me di cuenta, como misionero, de que muchas personas en las iglesias donde trabajaba habían consultado a un "espiritista" antes de llegar a la fe en Jesucristo. A menudo, llegaron a la fe después de ser católicos romanos (nominales) culturales. Como católicos nominales, habían consultado a los "espiritistas" para ayudarlos a navegar los desafíos de la vida. Llegaron a la fe cristiana, dejando atrás los rituales del catolicismo y las prácticas del espiritismo. Sin embargo, no abandonaron su cosmovisión de que Dios está involucrado en la vida diaria de todos. Algunas de nuestras iglesias desarrollaron prácticas que afirmaron el nivel/plano sobrenatural. Por ejemplo, algunas de nuestras Iglesias Presbiterianas Cumberland oraron para que los enfermos fueran sanados, cantaron canciones de adoración con emoción, oraron por las personas que buscaban la paz, alentaron experiencias emocionales con Dios (a veces con lenguas o personas cayendo al suelo). Algunos practicaron las "liberaciones", las personas se liberaron de los espíritus malignos, a menudo los que creían haber recibido de un "espiritista". Nuestra denominación, la Iglesia Presbiteriana Cumberland, no es una iglesia pentecostal, aunque somos más flexibles que otros presbiterianos.

En el campo misionero, vi a nuestras iglesias y otras iglesias no pentecostales, por ejemplo, las bautistas, practicando formas de pentecostalismo. Algunas de nuestras iglesias anunciaron abiertamente que eran presbiterianos pentecostales Cumberland. Lo que realmente estaba sucediendo en estas iglesias era que estaban permitiendo el puente sobrenatural. Volvieron a lo sobrenatural para la vida cotidiana.

> *Una gran parte del mundo cree que es necesario que haya un Dios activo en los asuntos diarios de hombres y mujeres.*

Una gran parte del mundo cree que debe haber un Dios activo en los asuntos diarios de hombres y mujeres. Y que las acciones de Dios deben ser visibles y experimentadas y con cierta frecuencia. Para ser justos, la mayoría de los líderes y pastores de la Iglesia Presbiteriana Cumberland (que viven dentro y fuera de los EE. UU.) sienten que el énfasis sobrenatural suele ser excesivo. Debido a la actitud autoritaria del pastor y la manipulación de su congregación, sus preocupaciones están justificadas. Sin embargo, incluso aquellos en las iglesias presbiterianas y bautistas en el campo misionero que se oponen a las expresiones excesivas del pentecostalismo están abiertos a experiencias sobrenaturales, pero con moderación.

Los líderes de misiones, que no son pentecostales, abogan por una comprensión más holística (integrada) del Reino de Dios (Hiebert 1994, 199). Esa perspectiva holística permite los tres niveles/planos: Dios, la ciencia y la admisión de que Dios interactúa con los humanos de formas sobrenaturales concretas. Los líderes de misiones sienten que, si el misionero no está abierto a lo sobrenatural, la iglesia se volverá cada vez más secular (1994, 199). Si la iglesia y sus misioneros proclaman el evangelio de la ciencia como medio para resolver los problemas cotidianos, la iglesia se convierte en una fuerza secular en el mundo. Las misiones deben ser más que ofrecer al mundo ciencia y tecnología para resolver problemas cotidianos. Aquellos que excluyen lo sobrenatural se convierten en proveedores de creencias correctas y tecnología secular. Si la vida religiosa de una persona es más teórica que práctica, entonces otras religiones son más relevantes para las personas del mundo en desarrollo. Para la cosmovisión que cree que lo sobrenatural es parte de la vida, un médico brujo o "espiritista" es más práctico que la ciencia abstracta o el cristianismo desprovisto de lo sobrenatural.

Los excesos y abusos de la guerra espiritual son una preocupación legítima.

Hay un equilibrio, y los líderes de misiones no le están pidiendo a la iglesia no pentecostal que acepte cada experiencia mística como una experiencia de Dios. Cuando los rituales se convierten en otra forma de magia, el mensaje del evangelio se distorsiona (Hiebert 1994, 200). La magia ocurre en el momento en que alguien está usando rituales para controlar el poder sobrenatural (1994, 200). Un pastor que usa experiencias místicas en aras de la manipulación y la notoriedad es uno de los peligros de involucrarse con lo sobrenatural. Un énfasis desequilibrado en lo sobrenatural abre una puerta al abuso y la explotación (ver la historia de Hechos 8: 9-25).

El Seminario Fuller hizo un estudio sobre lo sobrenatural. El estudio reveló el abuso de exorcismos y concluyó: "Todo poder es vulnerable al mal uso, pero nunca más que cuando es poder espiritual ejercido sobre personas que alguien discierne que tienen un espíritu maligno" (Smedes and Fuller Theological Seminary 1987, 72).

Este estudio ilustra que los excesos y abusos de la guerra

espiritual son una preocupación legítima. Los cristianos de culturas que enfatizan el espiritismo provienen de experiencias religiosas precristianas que involucran la manipulación de sus dioses para su beneficio personal (Ott and Netland 2006, 255). Los abusos de la guerra espiritual entre cristianos y la exposición al espiritismo no cristiano para beneficio personal pueden influir en la iglesia de manera negativa. El resultado es que el tercer nivel está sujeto a abuso. El estudio de Fuller se sumó a esta conversación al observar que alimentar a los hambrientos o cuidar a los oprimidos no es menos milagroso (1987, 75). Los cristianos no deben descartar la espiritualidad de los esfuerzos de la iglesia y la comunidad para abordar las necesidades diarias de las personas de manera práctica.

Los misioneros y las denominaciones y organizaciones interculturales globales deben afirmar y defender que Dios se encuentra con los seres humanos de maneras sobrenaturales concretas.

Una iglesia en América Latina se identifica a sí misma como una Iglesia Presbiteriana Pentecostal Cumberland. La Iglesia Presbiteriana Cumberland es una denominación con más de 200 años de historia y no es una denominación pentecostal. El pastor de la iglesia admite que otros pastores en el presbiterio (un congreso regional de líderes de la iglesia) luchan con las prácticas pentecostales de su iglesia. Los informes de las reuniones del presbiterio indican que se han hecho comentarios y se han dirigido críticas hacia esta iglesia y sus líderes. El pastor acepta el desafío de ser interrogado; y aunque estas preguntas son dolorosas a veces, el pastor ve su valor. Este pastor y su junta son responsables y sumisos al presbiterio. Su iglesia tiene una junta directiva electa compuesta por ancianos, y ellos gobiernan la iglesia junto con su pastor (presbiterianismo). Además, esta iglesia equilibra lo sobrenatural con acciones concretas para servir a su comunidad. Esta iglesia alimenta a cientos de niños hambrientos cada día en sus pasillos. Esta iglesia experimenta lo sobrenatural y también satisface las necesidades prácticas de los pobres.

La teoría del nivel medio sobrenatural reconoce que los cristianos occidentales a menudo se centran en dos niveles. Entienden a Dios desde una perspectiva teológica y analítica, y usan la ciencia y la tecnología para satisfacer sus necesidades diarias. En estos dos mundos (niveles), el Dios teórico guía las creencias y los pensamientos de uno, y el nivel de la ciencia práctica informa y ayuda en la vida diaria. La teoría del medio sobrenatural es que hay un tercer nivel. Este nivel acepta que Dios con frecuencia hace cosas sobrenaturales en la vida de las personas. El medio sobrenatural permite milagros y encuentros sobrenaturales con Dios. Este nivel incluso defiende y acepta lo sobrenatural como parte de la fe. Para que los misioneros sean relevantes a su contexto cultural, deben reconocer este tercer nivel. Los misioneros y las denominaciones y organizaciones interculturales globales deben afirmar y defender que Dios se encuentra con los seres humanos de formas sobrenaturales concretas. Como resultado de afirmar lo sobrenatural, los misioneros deben apresurarse a imponer las manos o ungir a los enfermos con aceite; necesitan estar dispuestos a orar por los atormentados y profesar que son libres en Cristo. El misionero necesita hablar contra el diablo y los demonios. Los misioneros deben hacer estos actos de guerra espiritual de manera responsable y no necesariamente imitando a los pentecostales que podrían ser más llamativos.

En cualquier caso, hay que asumir responsabilidad por lo que se haga. La admisión de responsabilidad es relacional y es indispensable. La verdad de la Palabra de Dios debería estar siempre ante la iglesia como guía y solución provisional. Los líderes de la iglesia deben responder unos a otros en cuanto a sus prácticas y proclamaciones. En realidad, una iglesia intercultural global en conexión relacional está en una gran posición para tener lo mejor de ambos mundos. Puede abrir las puertas a lo sobrenatural para todos en la iglesia y puede proporcionar equilibrio y responsabilidad para frustrar la manipulación y el abuso. La única forma de autenticar lo sobrenatural es dentro del contexto de una comunidad de líderes. Por eso, la humildad y la sumisión al grupo es vital. Los líderes de la iglesia deben ser atalayas. Deben estar atentos para que las personas no utilicen lo sobrenatural para beneficio personal, manipulación o control.

2.6 La Necesidad de Movimientos e Instituciones Misionales

Dos estructuras distintas realizan la tarea del trabajo misionero. Una estructura es un grupo de personas que funciona como un movimiento y proporciona un ministerio específico. Por ejemplo, Wycliffe Bible Translators se enfoca en la traducción de la Biblia. La otra estructura es un grupo de personas que componen una institución histórica que realiza trabajo misionero. Un ejemplo de este segundo enfoque es una denominación como la Iglesia Presbiteriana USA. Ambas estructuras están cumpliendo misiones. Uno está realizando el trabajo misionero como un movimiento y el otro está haciendo el trabajo misionero como una institución histórica. El Nuevo Testamento refleja tanto movimientos como instituciones.

> *Modalidades (instituciones con historia y estructura) y cofradías (movimientos)*

En el siglo I, un grupo de líderes cristianos en Jerusalén estableció un tipo de organización de sinagoga. Al mismo tiempo, un grupo de hombres se desplegó en las culturas y países circundantes para evangelizar y establecer iglesias (Winter et al. 2009, 247). Ralph Winter, un presbiteriano y fundador del Centro de Misiones Mundiales de EE. UU., explica que estos dos enfoques han existido desde el comienzo de las misiones. Se refiere a ellos como modalidades (instituciones con historia y estructura) y cofradías (movimientos) (2009, 247). Estos movimientos fueron a menudo en cooperación con la institución histórica (denominación); proporcionaron una nueva dirección e inspiración a la institución (2009, 249). El uso de órdenes religiosas por parte de la Iglesia Católica Romana es un ejemplo (2009, 249).

En la década de 1800, la Iglesia protestante comenzó a hacer cosas nuevas en misiones que enmarcaban las misiones modernas. El voluntariado no denominacional comenzó a despegar y se crearon agencias misioneras basadas en la fe a partir de voluntarios que recaudaron su propio apoyo (de ahí la fe). Las primeras fueron sociedades misioneras europeas, y las sociedades misioneras estadounidenses comenzaron poco después. Estas nuevas sociedades misioneras no estaban conectadas con las denominaciones protestantes del mundo. Estos movimientos misioneros generalmente comenzaron como un solo foco y, en algunos casos, un solo área geográfica. Las agencias misioneras como Misiones al Interior de China, Misiones del Interior de Sudán o Misiones Latinoamericanas se iniciaron con un enfoque geográfico. En otros casos, las agencias misioneras tenían un enfoque ministerial singular, como Compañerismo de Evangelización Infantil, Juventud con una Misión y Compañerismo de Misión de Aviación. Este método de misiones ha crecido y se ha convertido en uno de los principales métodos de envío misionero y expansión del campo misionero en el mundo.

Estos enfoques de movimiento de las misiones enfatizan el voluntarismo sacrificial.

Estos enfoques de movimiento de las misiones enfatizan el voluntarismo sacrificial. Para unirse a una de estas organizaciones, el misionero debe solicitar y ser aceptado por la sociedad misionera. Luego, obtienen su propio apoyo; y, una vez desplegados, estos misioneros se separan de sus denominaciones o iglesias. Los misioneros no renuncian a sus denominaciones, pero ya no están activos en sus iglesias o denominaciones debido a su afiliación con la sociedad misionera. Las sociedades misioneras se presentan a sí mismas como no denominacionales o interdenominacionales. Por lo general, se acercan a las iglesias de diferentes denominaciones en busca de apoyo. Las iglesias denominacionales a menudo apoyan tanto su programa misionero denominacional como los movimientos misioneros no denominacionales. Estos movimientos misioneros tienden a nombrar una junta directiva y permanecen separados de otras organizaciones y denominaciones. Son autodirigidos y autónomos. Estas agencias misioneras del movimiento, ya sean interdenominacionales o no denominacionales, no se asocian con denominaciones. Tampoco conectan sus nuevas iglesias o ministerios con otro movimiento misionero a menos que haya una fusión con otra organización religiosa. Esta fusión a veces puede ocurrir. Estos movimientos suelen ser solitarios e independientes en el ministerio, no colegiados ni ecuménicos. En una nota relacionada, esta tendencia a estar desconectado de los demás es probablemente una de las razones por las que el énfasis en la iglesia en la conexión relacional global ha tardado en desarrollarse.

En el momento en que las sociedades misioneras estaban despegando, los programas misioneros denominacionales consolidaban las misiones extranjeras en la misión completa de la iglesia. Antes de la Segunda Guerra Mundial, las denominaciones comúnmente tenían programas de misión que estaban separados de los otros programas de la denominación. El trabajo del ministerio de la denominación tenía dos lados, el interno y el externo. Esto reflejó las denominaciones de alta prioridad colocadas en misiones. Las "juntas extranjeras" eran semiautónomas y funcionaban como un movimiento (Winter et al. 2009, 252). El lado extranjero estaba separado del lado nacional y cada uno tenía su propia junta (corporación). En efecto, usando este sistema, las denominaciones hicieron dos cosas, misiones y todo lo demás. La Iglesia Presbiteriana Cumberland, de la cual estoy afiliado, tuvo "misiones nacionales" y una "junta de misiones extranjeras" como un ministerio separado durante más de cien años. Después de la Segunda Guerra Mundial, las denominaciones comenzaron a consolidar los dos lados, y los lados extranjero y nacional se fusionaron en un solo ministerio. La combinación de misiones nacionales y extranjeras provocó una disminución en los misioneros denominacionales [ver Sección 1.2].

Hacer de las misiones una parte integral de la iglesia llevó a preguntas sobre el lugar de las misiones en la denominación. Cuando las misiones era una junta extranjera separada dentro de una denominación, tenía la capacidad de defender y promover su propia expansión. Cuando las misiones se incorporaron a los ministerios generales de la denominación, se convirtió en un ministerio de muchos.

Afortunadamente, las misiones denominacionales conectaron a toda la denominación con su programa misionero. Es posible que los campos misioneros no tuvieran una conexión gobernante con la iglesia del país emisor, pero tenían una conexión teológica e histórica. Por ejemplo, los presbiterianos USA nacionalizaron todo su trabajo misionero formando denominaciones presbiterianas en otros países. Todos los presbiterianos tenían similitudes. Formaban parte de la familia presbiteriana mundial. Las sociedades misioneras no denominacionales atrajeron líderes de todo tipo de iglesias. Como resultado, estas sociedades no promovieron ningún sistema particular de gobierno, patrimonio histórico o una doctrina definitoria. El resultado fue la incapacidad de conectarse interculturalmente entre sí en torno a temas compartidos.

Por otro lado, los presbiterianos, anglicanos, luteranos y metodistas, independientemente de dónde se encuentren en el mundo, tienen iglesias que tienen muchas similitudes con sus constituyentes denominacionales. Por ejemplo, los luteranos comparten una historia, una teología y un sistema de gobierno. Si las iglesias denominacionales en el campo misionero no están afiliadas por un gobierno eclesiástico internacional (como la Iglesia Católica Romana) como plantaciones de iglesias en países extranjeros, están conectadas y son similares de muchas otras formas.

En los tiempos modernos, las misiones se han convertido en un movimiento separado de la iglesia institucional histórica. El campo misionero y sus iglesias enviadas están cada vez más desconectados de las iglesias institucionales históricas (2009, 252). El crecimiento de los movimientos y la desaparición de las misiones denominacionales ha creado una iglesia culturalmente fracturada. Cada vez más iglesias son independientes y están desconectadas dentro de sus naciones y, ciertamente, en todo el mundo.

Tanto los movimientos como las estructuras institucionales son necesarios y se necesitan mutuamente. La iglesia establecida proporciona información valiosa, una conexión relacional y estructuras organizativas comprobadas para las misiones. La institucionalización tiene sus beneficios. Proporciona una comprensión clara de los roles y cargos formales en la iglesia. Todos comparten creencias, costumbres y estándares (Hiebert 1994, 161–62). Estos denominadores comunes aportan estabilidad. Los programas de misiones denominacionales no solo transfieren el mensaje del evangelio, sino que también transfieren un sistema probado y comprobado de gobierno de la iglesia. Comparten una identidad de iglesia con raíces históricas y con potencial para llegar muy lejos en el futuro. Por lo general, estos sistemas de gobierno son lo suficientemente flexibles como para adaptarse a la cultura. Al expandir la denominación a otras naciones, produce una conexión intercultural. Aunque la expansión y la conexión internacional pueden no haber sido la intención original, es una consecuencia de la expansión de las misiones denominacionales. Las iglesias metodistas, presbiterianas y bautistas están esparcidas por todo el mundo y todas son similares. La iglesia puede verse a sí misma como parte de una familia global cuando tiene el mismo nombre, el mismo sistema de gobierno, credos e historia. Ya sea Presbiterianos Cumberland, Asambleas de Dios, Luterana o Metodista, todas las familias denominacionales tienen sus similitudes. Estas similitudes provocan la sensación de pertenecer

> *En los tiempos modernos, las misiones se han convertido en un movimiento separado de la iglesia institucional histórica.*

a una familia global.

La mayoría de las agencias religiosas utilizan un modelo congregacional de plantación de iglesias. La iglesia local es autónoma y pasa del control misionero al control del pastor nacional. En cuanto a reglas, las iglesias producidas a partir de movimientos tienen estatutos legales, que un abogado desarrolló en el país donde se encuentra la iglesia de las misiones o un listado corto de creencias. Debido a que estos movimientos están compuestos por una diversidad de personas de diferentes iglesias (interdenominacionales), en aras de la unidad, la declaración doctrinal suele ser breve. Las denominaciones generalmente tienen declaraciones doctrinales extensas desarrolladas durante décadas e incluso siglos. El movimiento basado en la fe avanza hacia la desconexión y las iglesias plantadas por estos movimientos en todo el mundo no están conectadas. No tienen una historia común, una identidad compartida o una confesión doctrinal de su fe. Las denominaciones han desarrollado constituciones y Confesiones de Fe (creencias) que son más que reglas y creencias. Tienen una historia doctrinal, que han ido ajustando a lo largo de años de práctica. Todos estos elementos crean puntos en común históricos y doctrinales.

Los movimientos tienen una visión y fluyen de la pasión.

Las iglesias necesitan liderazgo en las oficinas de pastores, ancianos, diáconos, maestros, evangelistas y misioneros. Es necesario definir cada uno de estos roles (oficinas) de la iglesia. Las denominaciones definen los cargos de la iglesia y explican cómo una persona puede estar calificada para servir. Definen las líneas de rendición de cuentas y fiscalización. Como beneficio adicional, las denominaciones/instituciones tienen décadas de prueba y error, desarrollando sus protocolos de líder.

La estructura del movimiento también tiene sus ventajas. Los movimientos tienen una visión y fluyen de la pasión. Un aspecto importante de un movimiento es que la persona se une al movimiento. Es una decisión (Winter et al. 2009, 247). Como explica el profesor de misiones Doug McConnel, unirse a un movimiento es un segundo acto de obediencia (2018, loc. 431). Por lo tanto, aquellos que se unen están apasionadamente involucrados y comprometidos con sacrificio. Los movimientos misioneros están abiertos y permiten que tanto ministros como laicos tengan un ministerio (2018, 431). Los movimientos también son flexibles; pueden reaccionar rápidamente a las oportunidades o necesidades presentes en los campos misioneros. Las instituciones tienden a necesitar más tiempo para buscar nuevas oportunidades (2018, 431). En realidad, los movimientos están menos impulsados por ministros y les dan a los laicos un lugar y una forma de hacer misiones (Walls 2006, 249).

El historiador de misiones Andrew Walls señala que los movimientos misioneros han aportado recursos humanos nuevos y experimentados al campo misionero. Por ejemplo, ahora se acepta mujeres como misioneras y líderes de la iglesia. Los movimientos misioneros estuvieron entre los primeros en brindar a las mujeres la oportunidad de servir en la iglesia como líderes (2006, 250). Había poco espacio para el liderazgo femenino en la iglesia establecida del siglo XIX y la mayor parte del siglo XX. Las mujeres encontraron oportunidades de servicio como misioneras trabajando en movimientos misioneros basados en la fe. En 1907 había casi cincuenta agencias misioneras de mujeres en los Estados Unidos y Canadá. Estas agencias misioneras de mujeres enviaron mujeres como misioneras por todo el mundo. Durante este período, 4.710 mujeres solteras sirvieron como misioneras (Ott, Strauss, and Tennent 2010, 176). A fines del siglo XIX, la Iglesia Presbiteriana Cumberland, al igual que muchas otras denominaciones, organizó una junta misionera de mujeres para reclutar y desplegar misioneros. Las mujeres que fueron enviadas como misioneras no eran ministras y dependían totalmente de las donaciones para apoyar sus ministerios.

El movimiento misionero es un organismo dirigido por el Espíritu, enérgico y motivado (Guder 2000, 182). Los movimientos están compuestos por personas que asumen riesgos y personas dispuestas a cruzar fronteras (Bosch 2011, loc. 1492). Por lo tanto, el trabajo misionero que se encuentra en los movimientos a menudo se basa en una visión específica: entusiasmo por la visión, el aspecto de "fe" (compromiso) de los misioneros, pragmatismo y flexibilidad con las reglas.

El profesor de misiones Doug McConnell explica que cuando Ralph Winter propuso este concepto, estaba tratando de ilustrar que ambas estructuras son necesarias (McConnell 2018, loc. 441). Los movimientos no pueden sobrevivir solo como movimiento. "O el movimiento se desintegra o se convierte en una institución, esto es simplemente una ley sociológica"(Bosch 2011, loc. 1518). Los movimientos son como una llamarada que arderá intensamente y luego se apagará, o serán trasladada a un horno y controlada. Un líder carismático a menudo inicia estos incendios. Estos líderes son los pioneros que toman riesgos y rompen moldes. Su pasión impulsa el movimiento. Pero para que el movimiento dure y crezca, el líder carismático necesita dejar espacio para el burócrata (Hiebert 2008, 162).

Los movimientos son como un resplandor que arderá brillante y luego se apagará, o se moverán a un horno y se controlarán.

La mayoría de las denominaciones promueven el ecumenismo. Creen en conectarse, no solo con otras iglesias de la denominación, sino también con otras denominaciones. La conexión está integrada en el espíritu de la denominación. Los movimientos luchan en esta área. ¿Por qué una organización no denominacional siquiera consideraría ser ecuménica? Creen que ser interdenominacional significa que ya son ecuménicos. Los misioneros son diversos al venir de diferentes iglesias. Sin embargo, como organización, se aíslan de otras organizaciones. Un desafío adicional para los movimientos no denominacionales es que están "basados en la fe". Dependen de voluntarios y donaciones. Las afiliaciones con otros movimientos pueden amenazar su dependencia de los donantes y el reclutamiento de misioneros. Las denominaciones, por tener miembros de iglesia, reciben diezmos y un ingreso más estable. Tienen un grupo de miembros a los que pueden recurrir para ser misioneros. Este hecho permite a las denominaciones una mayor seguridad a la hora de desarrollar relaciones ecuménicas y explica su voluntad de formar asociaciones ecuménicas.

La reunión de líderes de Hechos 15 resultó ser una reunión fundamental en la vida de la iglesia. Los misioneros judíos que trabajaban con los gentiles viajaron a Jerusalén para reunirse con los líderes establecidos de la iglesia primitiva. Estos misioneros fueron el nuevo movimiento que ministró a los gentiles. El consejo de líderes explicado en Hechos 15, demostró el lado del movimiento de la reunión de la iglesia, con el lado institucional de la iglesia. El lado institucional de la iglesia, que también había sido un movimiento de reforma judía, se reunió con los pioneros misioneros que estaban llegando a los gentiles. Según todos los relatos escritos, la reunión del consejo de Jerusalén convocada para tratar el tema de los gentiles produjo una reunión animada.

El movimiento informó al establecimiento, y el establecimiento fue convencido, cambió.

Pablo, Bernabé, Pedro y otros contaron historias de conversión de gentiles, pero varios otros líderes en la reunión expresaron su preocupación por la inclusión de gentiles. Al final, el movimiento informó al establecimiento, y el establecimiento fue convencido, cambió. El establecimiento afirmó a los misioneros que estaban promoviendo la conexión de los gentiles con la iglesia y clarificó bajo qué condiciones la iglesia podría conectarse con los gentiles.

Las dos estructuras se complementaron entre sí. La iglesia institucional primitiva desarrolló reglas sobre la conversión de los gentiles, y luego bendijo que el movimiento continuara. El movimiento definió una nueva dirección para la iglesia. La iglesia institucional trajo estructura y credibilidad a la nueva dirección que el movimiento estaba tomando en la iglesia.

El ministerio a los gentiles fue innovador, y las directrices de la iglesia institucional protegieron y legitimaron el movimiento.

Ambas estructuras trabajando juntas resultaron en la expansión del movimiento y la conexión global de las nuevas iglesias. Los misioneros a los gentiles y su movimiento, una vez conectados a la iglesia establecida, legitimaron el movimiento y expandieron la iglesia institucional al mundo gentil. Uno solo puede imaginarse lo que le habría pasado a la iglesia primitiva si no hubiera aceptado el evangelismo gentil.

Este relato en Hechos 15 es un gran ejemplo de por qué se necesitan ambas estructuras. Movimientos solos, producen un destello, y luego la muerte del movimiento. Los establecimientos por sí solos producen una falta de relevancia y la muerte lenta de la institución. La reunión del consejo de Jerusalén de Hechos 15 muestra cómo los movimientos y las instituciones se complementan entre sí.

> *Encontrar formas de vincular los movimientos con las instituciones produce el mejor resultado posible para las misiones.*

Los movimientos y las instituciones suelen tener cierto nivel de tensión entre ellos. Un movimiento goza de entusiasmo y la institución goza de estabilidad. Es fácil juzgar. Los que están en el movimiento acusan al establecimiento de no tener pasión. Los de la institución acusan al movimiento de ser manipulado por un líder fuerte o de ser demasiado simplista. Para que la iglesia se expanda, madure, sea relevante y sea innovadora, necesita ambas dinámicas. Necesita visionarios y nuevas ideas, y necesita responsabilidad y estabilidad. Los dos pueden coexistir si hay tensión creativa y paciencia en ambos lados.

El concepto de movimiento e institución reconoce que ambas estructuras tienen fallas y ambas tienen fortalezas. Encontrar formas de vincular los movimientos con las instituciones produce el mejor resultado posible para las misiones. Las denominaciones deben considerar su estructura organizativa para liberar misiones para que sean visionarias e innovadoras.

Muchas denominaciones tenían ese arreglo en algún momento, sus agencias misioneras estaban conectadas a la denominación y también eran agencias visionarias separadas (juntas misioneras denominacionales). Esto permitió estructura e innovación, riesgo y estabilidad, expansión y conexión relacional.

Los movimientos deben reconsiderar su relación con la iglesia establecida. La iglesia institucional es más que una fuente de "apoyo" para los misioneros de las organizaciones religiosas; también es una gran experiencia. Las instituciones históricas pueden ser un socio voluntario en el ministerio si reciben una invitación y la oportunidad de trabajar con un movimiento. Los movimientos necesitan los conocimientos y la experiencia que la iglesia establecida les puede aportar. Pueden ser una píldora difícil de tragar, pero las denominaciones saben cosas, cosas que han aprendido durante siglos. ¿Cómo serían las misiones si estos movimientos e innovadores conectaran lo que hicieron en el área de misiones con una institución? Produciría una iglesia más conectada globalmente y traería conexión, longevidad y estabilidad relacional intercultural. Crearía un nuevo día en el que las agencias misioneras no denominacionales fueran genuinamente ecuménicas. Estarían ecuménicamente conectados y formarían parte de la familia histórica de iglesias.

Las instituciones deben asumir riesgos e invertir en las visiones de otras personas.

Por otro lado, las denominaciones deben estar abiertas a la visión y el entusiasmo de su gente. Las instituciones deben asumir riesgos e invertir en las visiones de otras personas. Hay una iglesia exitosa en mi denominación que encuentra la dirección de su ministerio al mirar los intereses de aquellos en la congregación. La iglesia sigue la visión del ministerio de las personas en la congregación. En este contexto, la institución está buscando una visión de su gente y formas de empoderar a esas personas para cumplir la visión. La ventaja es la visión y sus líderes entusiastas traen ministerios innovadores a esa iglesia local. Lo mismo ocurre con cualquier institución, seguir la visión de otras lleva la institución a nuevos ministerios innovadores. Como demuestra la historia, cuando la institución rechaza la visión de los demás, esos visionarios inician un movimiento independiente de la institución. Lamentablemente, tanto la institución como el movimiento sufren.

2.7 Conclusión sobre las Perspectivas de la Misión

Las misiones son relacionales; y para ser eficaces, los misioneros y las iglesias que los envían deben cambiar sus perspectivas. La denominación u organización que utiliza un modelo intercultural de conexión global necesita comprender las diferencias culturales. De la misma manera, las misiones relacionales deben otorgar un gran valor a otras culturas. Así como las personas tienen dones únicos otorgados por Dios, las culturas con sus características únicas son dones de Dios para la iglesia para que la iglesia pueda disfrutar de las bendiciones de los conocimientos que se encuentran en diferentes culturas. La conexión intercultural beneficia a la iglesia. De hecho, unirse en la comunidad intercultural permite a las personas ver y comprender cosas sobre Dios que son difíciles de ver dentro de su propia cultura. Debido a que las culturas son diferentes, tienen diferentes sensibilidades, habilidades y percepciones. Estos son dones y son dones que Dios quiere que la iglesia disfrute. Misiones es reunir naciones y culturas en una sola familia para experimentar nuevas revelaciones acerca de Dios. A medida que aprendemos, nos regocijamos en nuestro Dios y en los demás.

Parte de este cambio de perspectiva implica la conciencia de que las personas de diferentes culturas se relacionan entre sí de manera diferente. Como culturas, las personas provienen de diferentes configuraciones sociales. Algunos países son más individualistas y otras culturas son más comunitarias. Estas diferentes perspectivas tienen un impacto en cómo las personas ven el liderazgo, cómo las personas toman decisiones, cómo las personas entienden la honestidad y cómo las personas esperan que los demás se comporten. En un contexto multicultural (agencia misionera, denominación, campo misionero), las personas pueden fácilmente malinterpretar situaciones si no son conscientes de estas diferencias culturales. Las culturas individualistas tienden a funcionar por reglas, mientras que las culturas comunales funcionan por honor y respeto. Las comunidades multiculturales (misioneras y nacionales) no solo hablan diferentes idiomas, también hablan desde diferentes perspectivas culturales. En consecuencia, quienes no cambian de perspectiva a menudo pagan el precio del conflicto y la división. El testimonio de la iglesia del evangelio es la unidad intercultural de la iglesia. Después de lavar los pies a sus discípulos, Jesús les dio un mandamiento nuevo: "De este modo todos sabrán que son mis discípulos, si se aman los unos a los otros" (Juan 13:35). La Iglesia demuestra el mandamiento de Dios a través de su voluntad de amarse unos a otros en medio de la diversidad cultural.

Las misiones protestantes históricamente involucran a Occidente haciendo trabajo misionero en el mundo en desarrollo/modernizándose. Muchos cristianos en el mundo en desarrollo buscan experimentar a Dios. Creen que Dios está activo en su vida diaria. Dios es relacional y personal. Dios es sobrenatural y está dispuesto a demostrar el poder de Dios. El Dios activo sobrenatural es un área desafiante para algunos misioneros y para algunos occidentales. La promoción de lo sobrenatural puede generar oportunidades de abuso y manipulación. Sin embargo, si un misionero solo ofrece teorías (creencias correctas) sobre Dios y una lista de expertos para ayudar a las personas con los desafíos de su vida, entonces el misionero está ofreciendo un Dios menos personal de lo que la mayoría busca. Los líderes de misiones advierten que esto puede llevar a aquellos en el campo misionero a buscar una opción relacional divina fuera de la iglesia para resolver sus problemas. Esto tiene el peligro de producir una mezcla de espiritismo y cristianismo, una mezcla malsana. La tarea del misionero, así como la tarea de la iglesia global, es proporcionar controles y equilibrios y promover el uso saludable de la guerra espiritual. Dios es relacional, y el campo misionero quiere experimentar a Dios sin la manipulación humana egocéntrica.

Las misiones modernas han luchado con las tensiones creadas

por instituciones históricas que realizan misiones, como denominaciones y movimientos misioneros voluntarios basados en la fe. Las denominaciones, así como las organizaciones históricas de misiones (algunas han existido durante más de un siglo), son importantes para las misiones debido a los siglos de estabilidad y sabiduría que han adquirido. Las denominaciones establecidas tienen años de experiencia y sabiduría histórica. Los movimientos misioneros a menudo se inician con un enfoque geográfico particular o un ministerio distinto en mente. Son importantes para la innovación y la renovación. Los líderes de los movimientos son pioneros y entusiastas. El concepto de movimientos e instituciones no es uno ni otro, sino ambos. Las instituciones deben encontrar formas de acoger a los movimientos, y los movimientos deben encontrar formas de acoger a las instituciones. Ambos se benefician de un ministerio compartido. Históricamente, las denominaciones han fomentado movimientos misioneros dentro de la denominación. A pesar de la tendencia de poner todo el ministerio bajo una junta de iglesia, las denominaciones se beneficiarían de revisar cómo estructuran las misiones dentro de su organización.

2.8 Preguntas para Reflexionar

- ¿Cuáles cree que son algunas de las características de su cultura y cómo pueden esas características ayudar a las personas de otras culturas? ¿Cuáles son algunas de las debilidades de su cultura?
- ¿Cómo y qué ha aprendido la iglesia sobre el Reino de Dios a medida que el evangelio pasa de una cultura a otra?
- ¿Cuáles son algunas de las dinámicas culturales que causan estrés en las relaciones interculturales?
- ¿En qué se diferencian las culturas de honor/vergüenza de las de justicia/culpa? ¿Por qué es importante comprender estas dos perspectivas para la conexión intercultural global?
- ¿Qué es el nivel medio sobrenatural y por qué es importante para la conexión intercultural global?

- ¿Cuáles son las fortalezas de los movimientos misioneros y las fortalezas de las instituciones de la iglesia? ¿Cuáles son algunas de las formas en que la iglesia puede beneficiarse de tener ambas dinámicas en las misiones?

SECCIÓN 3 -

PRÁCTICAS MISIONERAS

La guía del Espíritu Santo es indispensable a la hora de saber actuar en el campo misionero. El Espíritu del Padre nos guía mientras practicamos nuestra fe. Dicho esto, las prácticas de la misión se pueden aprender. Implican las habilidades que un misionero y aquellos interesados en cruzar culturas necesitan para ser efectivos en el campo misionero. Los líderes de misión han identificado prácticas que pueden guiar a un misionero o una persona involucrada en la conexión intercultural. Esta sección ayuda a los estudiantes de misiones a comprender cómo tener una relación significativa con aquellos a quienes sirven. Explica los desafíos de las relaciones interculturales y cómo superar esos desafíos. Para ser eficaz en las relaciones interculturales, una persona debe ser flexible y adaptable. Los líderes de misiones a menudo enfatizan la importancia de la flexibilidad en el campo misionero. Esta sección explicará lo que eso significa. Cada persona debe considerar estas prácticas a la luz de su personalidad y contexto ministerial. Esta sección describe conceptos que permiten a una persona explorar la mejor forma de practicar la conexión relacional. A continuación, presento algunas de las prácticas misioneras modernas que han promovido los líderes de misiones, pero esta sección ciertamente no cubre todas las prácticas misioneras.

3.1 Conexión Relacional

El primer desafío para un misionero recién llegado o para la persona que persigue el conexionismo intercultural es el aprendizaje del idioma y la cultura. Mi experiencia es que el aprendizaje de idiomas es difícil y el aprendizaje de la cultura es aún más difícil. Para enfatizar mi punto, cualquier anuncio que promueva el aprendizaje rápido, barato y fácil, de idiomas, es fraudulento. Aprender una nueva cultura es igual de difícil. Aprender un idioma y una cultura nuevos son esfuerzos para toda la vida. Otra advertencia, aprender el idioma puede ser engañoso. Uno piensa que entienden la cultura porque hablan el idioma. Eso no es necesariamente cierto. Incluso después de adquirir un alto nivel de competencia lingüística, el aprendizaje cultural continúa. Una herramienta útil para el aprendizaje de idiomas es el sistema de adquisición de idiomas de Thomas y Elizabeth Brewster (Tom Brewster et al. 1982), que en realidad es mucho más grande que aprender un idioma.

Su idea de "conectarse" se basa en la biología: impronta, es cuando los animales recién nacidos permanecen cerca a sus padres. Los paticos siguen a su madre, al igual que los ositos y los cachorros. Casi todos los animales tienen un sistema de conexión donde los jóvenes siguen a los adultos (padres) y aprenden siguiendo. Los Brewster, ambos lingüistas, entendieron que el aprendizaje de la lengua y la cultura es social, no académico (Thomas Brewster and Brewster 1981, vii). Su enfoque fue ver la adquisición de idioma y cultura como una experiencia social, no una experiencia académica. La conexión es un método relacional de aprendizaje.

> *El aprendizaje de idiomas es difícil y el aprendizaje de la cultura es aún más difícil.*

Yo fui un estudiante de seminario estudiando con los Brewster. Ellos comenzaron su curso de lingüística preguntando a los estudiantes cuántos de nosotros hablábamos un idioma que nunca estudiamos. Tomó unos segundos, pero lentamente las manos comenzaron a levantarse hasta que todos en la clase levantaron la mano. Su punto, aprender un idioma es social. Luego preguntaron, ¿cuántos habían estudiado un idioma que no podían hablar? Se levantaron muchas manos. Su punto, los métodos académicos para aprender un idioma no siempre son exitosos. El aprendizaje del lenguaje conversacional requiere conexiones relacionales.

La preocupación de los Brewster era que los misioneros mayores a menudo se encontraban con nuevos misioneros que llegaban al campo misionero. Los misioneros establecidos, con las mejores intenciones, pasan un tiempo considerable con los nuevos misioneros ayudándolos a aclimatarse (Tom Brewster et al. 1982, 8). La consecuencia es el vínculo de los nuevos misioneros con los misioneros establecidos, disminuyendo así su capacidad para aprender el idioma y la cultura (1982, 8). La innovación de Brewster fue que los nuevos misioneros, incluso los misioneros a corto plazo, que quieran aprender o experimentar la cultura y el idioma deben evitar a los misioneros establecidos y depender de los nacionales (Tom Brewster et al. 1982, 8–10).

A nuestra llegada al campo misionero como nuevos misioneros, nos recibió una pareja de misioneros que había estado en el campo misionero durante décadas. Estuvimos dos días con ellos. Luego, al tercer día, el misionero principal nos entregó las llaves de un automóvil misionero usado. Escribió una lista de pueblos y nos dijo que nos llevaría de 8 a 10 horas conducir hasta nuestro nuevo hogar. No había mapa; íbamos a conectar los puntos yendo de pueblo en pueblo, hasta que llegáramos a nuestro destino. Manejamos la lista hasta que llegamos a nuestro nuevo hogar. Cuando llegamos, nos mudamos con nacionales. Nos hospedaron mientras buscábamos una casa para alquilar. Éramos los únicos misioneros en esa ciudad. Nuestros primeros años en el campo misionero fueron años en los que dependíamos totalmente de los nacionales para que nos cuidaran. Lo hicieron. Seguimos teniendo amistades profundas y significativas con los ciudadanos con los que vivimos en el campo misionero.

Un ejemplo de esto se encuentra en las Escrituras donde Jesús envió a sus setenta y dos discípulos de dos en dos (ver Lucas 10). Sus instrucciones fueron que los discípulos no se llevaran nada, por lo que dependían de los hogares que visitaban para cuidarlos. Esto creó una relación de unión. El misionero invitado sería dependiente y se vincularía con el anfitrión. El concepto es que esta relación es más abierta. Como el misionero depende del nacional, se desarrolla una relación de confianza mutua. El misionero y el anfitrión se hacen amigos. Esta táctica no es un enfoque fácil para los nuevos misioneros, es impredecible (Tom Brewster et al. 1982, 14–15). Por lo general, el misionero quiere tener el control, ser el experto, el evangelista, el maestro. Los misioneros culturalmente occidentales están programados para ser independientes y autosuficientes. La dependencia es relacional. Al depender de un nacional como anfitrión, el misionero se vuelve vulnerable, accesible e identificable. Esto abre la puerta al intercambio mutuo y la confianza.

El enfoque de unión a las misiones le pide al misionero que se mantenga alejado de sus compañeros misioneros por un tiempo y que dependa de los nacionales. En los casos en que los misioneros llegan a una ciudad o área donde no hay otros misioneros, depender de los nacionales es la única opción. Los Brewster creían que debido a que los misioneros estaban tratando de llegar a los nacionales, y porque necesitan aprender el idioma y la cultura, todo esto podría lograrse uniendo los lazos con los nacionales. Mediante el uso de técnicas específicas, el nuevo misionero puede utilizar estas relaciones para aprender el idioma y la cultura, así como ganar confianza y amistad (1982, 12-13).

Esta conexión relacional de dependencia abre los ojos del misionero para que comprenda lo nacional, no por la imaginación, sino por la experiencia.

Milton Bennett, un escritor secular y profesor de comunicación intercultural, explica la diferencia entre simpatía y empatía intercultural. En el caso de la simpatía usamos superficialmente nuestra imaginación para ponernos en el lugar de otra persona (Bennett 2013, 224). Sin embargo, esta conexión superficial no produce una verdadera comunicación intercultural. Bennett aboga por la empatía, una conexión más profunda que nos permite usar nuestra imaginación para visualizar lo que la otra persona está experimentando (2013, 224). El padre de la teología de la liberación, Gustavo Gutiérrez, defiende que la empatía involucra vidas compartidas. Pide al cristiano que camine con los oprimidos, que comprenda su dolor y que esté con los que sufren (Gutierrez 1988, 153).[1] Los Brewster no promueven la teología de la liberación, pero creen que los misioneros necesitan una conexión relacional con aquellos a quienes sirven si quieren ser efectivos. Los Brewster abogan por una dependencia de los nacionales. Esta conexión relacional de dependencia abre los ojos del misionero para que comprenda lo nacional, no por la imaginación, sino por la experiencia.

Los Brewster llegaron a la conclusión de que el aprendizaje de idiomas era una gran herramienta para que el misionero la usara para construir relaciones profundas con los nacionales. Según su planteamiento, el misionero debía desarrollar una ruta relacional, es decir, una visita social corta puerta a puerta con varias personas de su comunidad. El misionero debía aprender el idioma conociendo gente y socializando. Para facilitar este enfoque, los Brewster proporcionaron un programa de aprendizaje de idiomas paso a paso para guiar al alumno misionero (Tom Brewster and Brewster 1976). Su modelo de aprendizaje de idiomas se basaba en la dependencia de los nacionales. En correspondencia con este enfoque, la idea de empatía intercultural de Milton Bennett implicaba dejar de lado los prejuicios y las perspectivas de uno

---

[1] La teología de la liberación tiene varios desafíos y defectos, pero uno de ellos es la suposición de que el libertador sabe qué son la opresión y la injusticia en un contexto cultural diferente al de la cultura del libertador. Algunas formas de opresión son obvias. En cualquier caso, pueden producirse enfoques equivocados de la justicia cuando el libertador impone una comprensión cultural individualista de la justicia a las personas en una cultura comunitaria. Esa cultura practica una estructura social diferente. En otras palabras, en algunas culturas los líderes fuertes (incluso los reyes) son una forma normal y funcional de tener comunidad. Los líderes que practican la misericordia y la justicia son los más deseados por su grupo, pero siguen siendo líderes fuertes. Por ejemplo, las personas de culturas individualistas pueden sentir que deben liberar a las personas que practican estructuras sociales comunitarias que promueven el estatus y los roles asignados. El individualista descubre que una vez que ha liberado a la gente de un líder autoritario, los liberados no adoptan formas individualistas de igualdad. Estas culturas comunales encuentran nuevos líderes y regresan a su sistema comunal de roles asignados.

para comprender cómo y por qué las personas ven el mundo de la manera en que lo ven (Bennett 2013, 225–30).

Julia Leavitt, una joven de 17 años de Indiana, ofrece un gran ejemplo del modelo misionero de dependencia de los nacionales como una forma de vinculación y ministerio eficaz. Julia respondió al llamado para ser misionera en 1881. Se unió a la Junta de Misiones de Mujeres Presbiterianas Cumberland y se mudó a Japón. Julia quería trabajar con mujeres y niños. Llegó a Japón y dominó el japonés. Eventualmente se mudó a pueblos donde no había otros misioneros. Se hizo conocida como una evangelista muy eficaz y una misionera pionera. Fue a lugares a los que otros misioneros no iban y se sumergió en la cultura japonesa. Todos los que observaron su trabajo se sorprendieron de lo bien que se relacionaba con los japoneses y de lo mucho que la amaban. Cuando habló en una conferencia misionera protestante en Tokio en octubre de 1900, abordó uno de sus mayores desafíos: que los misioneros en Japón dejen de congregarse juntos en las mismas ciudades japonesas y se expandan por los pueblos y aldeas de Japón ("Proceedings of the General Conference of Protestant Missionaries in Japan" 1901, 141–44).

La forma más eficaz de aprender el idioma y la cultura es mediante las relaciones con los nacionales en el campo misionero.

El ejemplo de Julia es una historia inspiradora que vale la pena compartir con los nuevos misioneros, tanto a corto como a largo plazo. Cuando aconsejo a los nuevos misioneros, antes de que se desplieguen, les pido que se mantengan alejados de otros misioneros. Es notable la preocupación de Julia acerca de que los misioneros se unan entre sí y vivan separados de los nacionales. Como director de misiones, les explico a los nuevos misioneros que tenemos ciudadanos en el área que son parte de nuestra iglesia, por lo que los misioneros no están aterrizando en un país sin conexión con la iglesia. Pedimos a los líderes nacionales de esa iglesia de campo misionero que identifiquen personas que puedan ayudar a los nuevos misioneros. Luego les aseguramos a los nuevos misioneros que pueden confiar en estas personas, aunque en ocasiones puedan experimentar confusión y frustración. La dependencia misionera de los nacionales hace que los nacionales se sientan responsables de los misioneros. Ven las limitaciones de los misioneros y sienten compasión por ellos. La clave es convencer a los nuevos misioneros de que dependan de los nacionales y no busquen expatriados en su nuevo país para ayudarlos. Los nacionales están felices de ayudar. El aprendizaje de idiomas y culturas lleva tiempo. Es asombroso lo rápido que se hacen amistades duraderas entre los nuevos misioneros y sus cuidadores, a pesar de las limitadas habilidades lingüísticas del misionero. Sin embargo, las relaciones obviamente se desarrollan mucho más rápido que el idioma. Aunque nuestros misioneros usan escuelas de idiomas, la forma más efectiva de aprender el idioma y la cultura es mediante las relaciones con los nacionales en el campo misionero.[2]

En un caso, enviamos nuevos misioneros a Centroamérica. En ese país, un misionero de nuestra organización ya había vivido allí durante varios años. Instruimos al misionero establecido que no ayudara a los nuevos misioneros. El misionero establecido debía mantenerse alejado de ellos durante tres meses. El día que los nuevos misioneros iban a volar a su nuevo país, hubo una emergencia familiar y la esposa del misionero no pudo viajar con su esposo. Sacaron apresuradamente las maletas de las aerolíneas y el esposo continuó sin su esposa, esperando que ella llegara en una o dos semanas. Cuando llegó el marido, fue recibido por los nacionales. Para su sorpresa, se dio cuenta de que solo tenía la maleta de su esposa. Esta fue una oportunidad perfecta para que el nuevo misionero fuera testigo de la forma en que los nacionales

---

[2] El método Brewster de aprendizaje de idiomas no fue bien recibido por la mayoría de las escuelas de idiomas. Dicho esto, cada vez más escuelas de idiomas para misioneros se dieron cuenta de que el aprendizaje de idiomas debía realizarse tanto en el aula como fuera del aula. Los Brewster proporcionaron un modelo de cómo hacer eso. Pero lo que es más importante, los Brewster explicaron cómo el aprendizaje de idiomas puede conducir a la construcción de relaciones.

lo cuidarían. Mostraron compasión por la crisis de su familia y rápidamente encontraron soluciones a su problema de ropa. Informó lo bien que lo trataron mientras esperaba que su esposa se uniera a él.

Este escenario demuestra la eficacia de la vinculación. Las personas están listas para cuidar de los demás y enamorarse de ellos cuando ven sus necesidades. Y el misionero aprende a confiar y depender de los nacionales a medida que los nacionales demuestran su confiabilidad. Este aspecto de la decencia humana se encuentra incluso entre personas que no profesan ser cristianas. La mayoría de las personas se preocupan y son compasivas con las personas necesitadas. Las puertas se abren si un misionero asume la posición de necesitado, como lo demostró Jesús al enviar a los setenta y dos evangelistas.

La mayoría de las personas se preocupan y sienten compasión por las personas necesitadas.

Desarrollado inicialmente en torno al aprendizaje de idiomas, el concepto de conexión es mucho más que una herramienta para aprender otro idioma. La práctica de la conexión es un método para el desarrollo de relaciones en el campo misionero. Implica desarrollar una relación con los nacionales siendo un aprendiz y dependiendo del nacional. El concepto de vinculación es contrario a la mayoría de las nociones preconcebidas de misioneros: aquellos que son instructivos, autosuficientes y autónomos. La mayoría de los nuevos misioneros esperan estar con la comunidad de compañeros misioneros. Sin embargo, según Thomas Brewster, la razón número uno por la que los misioneros abandonan el campo misionero son otros misioneros. La vinculación con compañeros misioneros a menudo no produce la comunidad pacífica que busca un misionero.

Los nuevos misioneros que dependen de misioneros mayores pueden crear lazos; pero pueden vincularse con las personas equivocadas. La oportunidad de construir relaciones profundas y significativas con los nacionales disminuye cuando llega un nuevo misionero y se vincula con otros misioneros. El objetivo de ser un misionero es llevar el evangelio al campo misionero, por lo tanto, es indispensable tener relaciones significativas con los nacionales. En la conexión, ya sea por misioneros a corto o largo plazo, un misionero debe encontrar formas de aprender y depender de los nacionales. La dependencia de los nacionales crea una dinámica relacional en la que los nacionales se sienten responsables del misionero y el misionero gana confianza y admiración por los nacionales. Dentro de este contexto relacional, el evangelio se vuelve auténtico y relevante para el campo misionero.

3.2 Contextualización Relacional

> La oportunidad de construir relaciones profundas y significativas con los nacionales disminuye cuando llega un nuevo misionero y se vincula con otros misioneros.

La directiva de la Biblia a los misioneros es presentar el mensaje del evangelio a todas las personas. Entonces esos creyentes forman comunidades de adoración (iglesias). Estos creyentes y sus iglesias deben ser relevantes y significativos dentro de su contexto cultural. No son embajadas extranjeras de otra cultura que imponen una cultura extranjera a otras. Debido a que la adoración fluye del corazón, no es impuesta ni ajena. Este enfoque implica poner el evangelio en un contexto cultural. Poner el evangelio en contexto, inicialmente llamado "enculturación" y luego llamado "contextualización" (Winter et al. 2009, 404), como una sola teoría puede ser engañoso. Esta sección presenta algunas de las diversas teorías y aspectos importantes de la contextualización en el marco de la conexión con otras culturas y la formación de relaciones.

Las misiones siempre han intentado compartir el mensaje del evangelio en diferentes contextos culturales. El primer viaje misionero de Pablo (Hechos 13) fue un esfuerzo de Pablo y Bernabé por llevar el evangelio a diferentes culturas/naciones. Su enfoque fue la formación de comunidades de fe y adoración en diferentes culturas. Su método inicial era ir a las sinagogas judías y acercarse a los judíos, luego salir de la sinagoga usando las conexiones relacionales que habían hecho con los de las sinagogas (Hechos 13: 5). Pablo y Bernabé siguieron la red relacional fuera de la sinagoga y dentro de la comunidad gentil. Primero querían conectarse con judíos que vivían fuera de Israel y luego irradiar usando esas conexiones para obtener acceso a los gentiles. Esta estrategia los hizo dependientes de la formación de relaciones e involucró sensibilidad y flexibilidad en la forma en que Pablo presentaba el evangelio. Usó imágenes tanto judías como gentiles, respectivamente. Pablo era judío para los judíos y gentil para los gentiles (I Corintios 9: 19-23). Esta flexibilidad y sensibilidad cultural fue un ejemplo de contextualización.

Las misiones siempre han intentado compartir el mensaje del evangelio en diferentes contextos culturales.

Henning Wrogemann, profesor alemán de misiones, descubrió cinco métodos de misiones que se han utilizado durante los últimos cinco siglos (Wrogemann 2016, 230). Primero, en el "modelo de reemplazo" el misionero (Iglesia Católica Romana) se centró en el reemplazo de las religiones no cristianas de la población indígena/nativa (2016, 232-233). Se reemplazaron las religiones falsas, lo que a menudo implicaba la destrucción de templos no cristianos. Por ejemplo, como se mencionó anteriormente, el Templo Azteca en la Ciudad de México fue destruido por los conquistadores cristianos españoles, y actualmente está enterrado bajo la Catedral Católica en la Ciudad de México. El segundo método, el modelo de conversión personal, se centró en el individuo. En este modelo, el misionero (misiones protestantes tempranas) intentó desarrollar un grupo de verdaderos creyentes (2016, 255) con un enfoque particular en la conversión individual (2016, 260). Los primeros misioneros Moravos fueron un ejemplo de este método. El tercer método, el modelo de desarrollo de la sociedad, buscaba cristianizar a la humanidad utilizando perspectivas europeas para determinar qué cambios de desarrollo necesitaba el campo misionero (2016, 265, 273). Este modelo fue evangelístico y a menudo persiguió desarrollar una sociedad más avanzada mediante la formación de escuelas y hospitales, así como iglesias.

Los métodos posteriores y más modernos fueron sensibles a la cultura y encontraron formas de encajar el evangelio en la cultura. El "modelo de indigenización" requería que el misionero hiciera que el evangelio fuera autóctono del grupo étnico objetivo, y este método implicó la formación de iglesias indígenas (2016, 261). Este modelo, expresado por la mayoría de las organizaciones misioneras, promovió estilos de adoración autóctonos de esa cultura y también la necesidad de confiar en los líderes nacionales. El último modelo, un modelo de adopción, fue una expansión del modelo de indigenización. En este modelo, el evangelio fue adoptado en la cultura y se hizo parte de la cultura. En este modelo final, Wrogemann utilizó el término "contextualización" para abogar por la adopción del evangelio en una cultura de manera que pueda ser indigenizado y relevante (2016, 316). Sin embargo, una de las tensiones constantes que se encuentran en la contextualización fue que el evangelio puede distorsionarse cuando se adopta en una cultura. En este punto, la contextualización ya no representaría el evangelio.

"Contextualización": abogar por la adopción del evangelio en una cultura de manera que pueda ser indigenizado y relevante.

Los líderes de misiones se dieron cuenta de que para que el evangelio llegara al mundo, el mundo necesitaba la libertad de encontrar formas de adaptar el evangelio a sus propias formas y estilos culturales. La evolución de los métodos de misiones movió las misiones hacia un modelo relacional de misiones. Las misiones siempre han sido relacionales, pero a menudo han implicado que los más poderosos tengan control sobre los menos poderosos. Las misiones, a veces, fue la cultura más fuerte y dominante que asimiló otras culturas a la cultura cristiana occidental dominante. Los métodos posteriores de misiones pusieron énfasis en la diversidad cultural, el respeto cultural y las relaciones interculturales. Como resultado de la contextualización, uno puede ser culturalmente diferente y aún ser parte de la iglesia. La contextualización permite que el evangelio entre en la cultura de uno y sea aceptado por las personas en esa cultura, y no se les pide que cambien sus formas y estilos culturales. En consecuencia, una persona puede volverse cristiana y aún conservar su cultura. La persona tiene la libertad de adoptar el cristianismo y dejar que se mezcle e influya en su cultura.

El misionero tiene el desafío de convertirse en un conocedor de la cultura y percibir el mundo como los que están en el campo misionero perciben el mundo.

Las ideas modernas de indigenización y contextualización han producido algunas ideas nuevas sobre la práctica misionera. En una idea, el misionero interactúa con quienes están en el campo misionero y entiende su cultura como una fuente de nuevas revelaciones sobre Dios. Como resultado, el campo misionero adopta el evangelio en su cultura y produce nuevas revelaciones sobre Dios y el Reino de Dios (Wrogemann 2016, 231). En este enfoque, el misionero comprende que Dios está obrando en el campo misionero; y con la observación y el estudio, el misionero puede ver a Dios revelando nuevas revelaciones sobre el Reino de Dios (Winter et al. 2009, 430–31). El trabajo de un misionero es estar tan involucrado en la cultura, de tal forma que el misionero pueda ayudar a los nacionales a ver las señales que Dios les ha dado. El famoso libro *Peace Child*, de Don Richardson (Richardson 2005) es un ejemplo de cómo un misionero encuentra revelaciones de Dios en el campo misionero.

Richardson identificó una costumbre que las tribus de Nueva Guinea usaban cuando estaban en guerra entre sí. Richardson

entendió su costumbre tribal como la revelación de Dios. Estas tribus en guerra intercambiaron un niño como una forma de traer paz entre las tribus. El niño fue el tratado de paz. En el contexto de la guerra y la paz, Richardson entendió esta costumbre como el evangelio de Jesús. El niño de la paz “Divina”, Jesús, era comprensible y relevante para las tribus de Nueva Guinea.
El niño de paz de Nueva Guinea le permitió al misionero obtener una comprensión aún más profunda de lo que Dios hizo al dar a su único Hijo como un niño de paz. Este relato ilustra cómo el misionero se enfrenta al desafío de discernir, convertirse en un conocedor cultural y percibir el mundo como aquellos en el campo misionero perciben el mundo (Hesselgrave and Rommen 2000, 150–51).

Los campos misioneros y sus diferentes culturas son minas de oro; y con exploración y familiaridad, producen sabiduría y comprensión que benefician a toda la iglesia.

Este enfoque otorga un gran valor a otras culturas y a las conexiones relacionales que permiten al misionero obtener revelaciones de la cultura. Charles Kraft, un misionero y profesor de misiones, presenta la teoría de la "equivalencia de significado" (*meaning equivilance*) para ayudar a guiar a los misioneros en su trabajo. Esta teoría defiende que la iglesia del campo misionero debe apreciar las formas culturales (costumbres y prácticas) y presentarlas de manera que revelen a Cristo. Como se ve con el niño de la paz arriba, Kraft cree que la iglesia interpreta las costumbres y prácticas en el campo misionero y les da un significado cristiano. Estas costumbres y prácticas no cambian el evangelio, pero se utilizan para comprender el evangelio y ayudar a la iglesia indígena a relacionarse mejor con el evangelio (Kraft 1973, 49). Esta capacidad para comprender nuevas ideas de otras culturas habla de la necesidad de una conexión relacional. Un misionero debe tener una conexión profunda con los nacionales para comprender su perspectiva y discernir lo que Dios les ha estado mostrando.

Ver las revelaciones de Dios a través de la contextualización permite a los misioneros de la iglesia comprender mejor el mensaje de Dios para todos nosotros. Idealmente, a medida que las culturas se relacionan dentro de la iglesia, a través de las misiones, la iglesia descubre revelaciones acerca de Dios que cada cultura por sí sola no podría descubrir (Hiebert 1987, 110–11). El misionero, una parte vital de este proceso, y la iglesia que envía el misionero deben apreciar la importancia de las culturas que encuentran en el campo misionero. Los campos misioneros y sus diferentes culturas son minas de oro; y con exploración y familiaridad, producen sabiduría y entendimiento que benefician a toda la iglesia. La iglesia y su programa de misión proporcionan la plataforma donde diferentes culturas pueden conectarse y hacer nuevos descubrimientos (Wrogemann 2016, 323). Como resultado, la iglesia renace por su misión intercultural. Como explica la misionera Leslie Newbigin, la iglesia fue cambiada como resultado de la conversión de Cornelius. El libro de los Hechos revela cómo los líderes de la iglesia primitiva reformularon su comprensión del evangelismo debido a lo que Pedro experimentó en la casa de Cornelio. Por lo tanto, la iglesia también se convierte cuando realiza misiones (Newbigin 1995, loc. 2474-2477).

Después de años de servicio en el campo misionero, un compañero de misiones admitió que había recibido una comprensión más completa del evangelismo en el campo misionero. Confesó que mientras observaba a los nacionales compartir su fe y mostrar compasión por el sufrimiento, vio un evangelismo auténtico. Por extraño que parezca, los misioneros a menudo han aprendido los conceptos básicos de la fe cristiana al interactuar con los nacionales y aprender de ellos. También es cierto que estos nuevos conocimientos adquiridos por los misioneros se comparten con la iglesia en general.

Numerosos líderes de misiones han explicado cómo el campo misionero ha cambiado sus vidas. Charles Kraft, un misionero en África y profesor de misiones, estaba perplejo como misionero en África acerca de cómo manejar los espíritus malignos. Los líderes de su iglesia africana tenían un conocimiento sobre la guerra espiritual, pero Kraft no. Su experiencia en el campo misionero, en particular viendo a los líderes de la iglesia africana, lo informó y lo transformó (Kraft 2016, loc. 3469 of 5052). El padre del movimiento de crecimiento de la iglesia, Donald McGavarn, atribuyó sus años en el campo misionero de la India como su fuente para comprender por qué crecen las iglesias. McGavarn fue el padre del movimiento de crecimiento de la iglesia, que se extendió por el mundo. De hecho, el campo misionero de la India trajo revelaciones sobre el crecimiento de la iglesia a toda la iglesia (Miles 1981, 13).

La Iglesia Presbiteriana Cumberland ha podido expandirse a otros países debido a la influencia del trabajo misionero en Colombia. Los colombianos son relacionales y plantan nuevas iglesias a través de conexiones de amigos y familiares. A medida que los colombianos migran por el mundo, abren puertas para plantar nuevas iglesias. Además de ser comunales, son leales a sus raíces denominacionales. La lealtad al grupo es importante y parte de su cultura. Estos inmigrantes colombianos presbiterianos Cumberland, dondequiera que vayan, abren puertas a las oportunidades. Como resultado de sus conexiones y participación, expanden la Iglesia Presbiteriana Cumberland a otros países. Su compromiso y lealtad al "grupo" ha sido una educación y una bendición para todos en la denominación mundial.

Cuando el evangelio se encarna, impacta el campo misionero y también impacta al misionero.

El misionero y profesor de misiones Daniel Shaw observó algo más allá de la contextualización. Como misionero en Nueva Guinea, se dio cuenta de una transformación mutua al relacionarse con los nacionales (Shaw 2010, 212). Tanto el misionero como los nacionales declararon, como resultado de su relación, “Todos salen cambiados” (2010, 212). Estos ejemplos demuestran misiones relacionales y la revelación resultante lleva a la iglesia más allá de solo contextualizar el evangelio.

Cuando el evangelio se encarna, impacta el campo misionero y también impacta al misionero. El misionero y su iglesia que lo envía se transforman una vez que se relacionan con personas de otras culturas. El evangelio unifica, pero también se inspira en cada cultura y grupo de personas y produce nuevas revelaciones para toda la iglesia. Si las culturas se aprecian como un regalo de Dios y como una fuente de revelaciones acerca de Dios, entonces permitir que el evangelio sea adoptado en otras culturas produce esas nuevas revelaciones. La iglesia se beneficia de la comunidad intercultural y de las revelaciones de Dios en el campo misionero. La iglesia y su misionero se transforman al interactuar interculturalmente.

Cuando uno mira los escritos de Pablo en el Nuevo Testamento, ve el impacto asombroso de la iglesia multicultural. Las cartas de Paul son una reacción y una revelación basada en sus interacciones con la iglesia multicultural y multinacional emergente. Sus conceptos teológicos nacen de Roma, Éfeso, Corinto, Filipos y muchas otras ciudades y culturas no judías. Su relación con estas personas y sus culturas enmarca su comprensión de Dios y del Reino de Dios. Ve cosas que nunca hubiera visto si hubiera pasado su vida en Jerusalén en comunión con los líderes de la iglesia judía. En Gálatas 1:18-23, Pablo explica que, como cristiano, ha pasado años viviendo entre los gentiles, no entre los discípulos de Jerusalén. Al estar fuera de la cultura judía durante muchos años, comprende cosas nuevas sobre el Reino de Dios. Sus cartas en el Nuevo Testamento revelan estos nuevos entendimientos a toda la iglesia.

> *The mission field, the missionary, and the church are transformed as the gospel is adopted into new cultures, as each culture reveals new aspects of God's Kingdom.*

El concepto de contextualización relacional valora otras culturas como un don de Dios a la iglesia. A medida que la iglesia se expande y se conecta, a través de misiones, permite que el evangelio sea adoptado en nuevas culturas. La iglesia y sus misioneros están llevando el evangelio a diferentes culturas del mundo. La contextualización relacional reconoce que las conexiones relacionales son indispensables para las revelaciones de Dios. Llevan al misionero y a la iglesia que envía más allá de la transmisión efectiva del evangelio a algo mucho más profundo. El campo misionero, el misionero y la iglesia se transforman a medida que el evangelio se adopta en nuevas culturas, a medida que cada cultura revela nuevos aspectos del Reino de Dios. Este enfoque es un cambio radical de las viejas formas de misiones que ignoran otras culturas, e incluso intentan reemplazarlas con culturas occidentales. La contextualización relacional otorga un gran valor a otras culturas y se da cuenta de que los miembros de la iglesia cambian a través de conexiones relacionales con los nacionales. El misionero y la iglesia que envía transmiten el evangelio en una calle de doble sentido, y también exploran con los nacionales el mensaje de Dios a toda la iglesia. El campo misionero entrega un mensaje necesario de Dios para toda la iglesia.

Este problema de dominio sigue siendo un desafío para la iglesia de hoy.

3.3 El Concepto de Dependencia Mutua

La práctica misionera moderna intenta respetar otras culturas y afirmar a los nacionales como líderes respetados y capaces. A pesar de este deseo expresado, la iglesia misionera y la que envía tienen una tendencia a caer en dos prácticas malsanas. Una práctica dañina ocurre cuando las organizaciones/agencias misioneras promueven misiones que forman iglesias que viven en silos culturales desconectados. Otra práctica dañina ocurre cuando las organizaciones/agencias misioneras intentan controlar y dominar el campo misionero.

Antes del movimiento del "los tres autónomos" (*three-self*), que se explica más adelante, las misiones a menudo usaban formas de dominio en el campo misionero sin saberlo y a sabiendas para controlar a los líderes y las iglesias. Como se explicó anteriormente, la intención era mejorar y civilizar otras culturas compartiendo la cultura occidental. Este modelo colonial creó dependencia.

Este problema de dominio sigue siendo un desafío para la iglesia de hoy. Por ejemplo, las agencias misioneras envían misioneros para plantar iglesias. En algunas organizaciones misioneras, al misionero se le permite pastorear la iglesia misionera durante muchos años. Este modelo tiene un atractivo mutuo para la iglesia misionera y el misionero. La iglesia en el campo misionero recibe servicios pastorales gratuitos y una gran cantidad de recursos de la agencia misionera. Además, el misionero/pastor no necesita preocuparse por el salario de la iglesia local en el campo misionero porque ese salario lo pagan donantes extranjeros (la agencia misionera) y no los diezmos locales. El efecto secundario negativo ocurre cuando la iglesia se vuelve dependiente del misionero. Este modelo no es un modelo de iglesia indígena donde los nacionales son los líderes principales que impulsan las normas y estilos de la iglesia. El misionero, que sirve como pastor, es el principal recurso financiero de la iglesia y, como uno de los más ricos de la iglesia, a menudo tiene la última palabra.

Los equipos misioneros a corto plazo también enfrentan un problema similar de dominio en el campo misionero.

Los equipos misioneros a corto plazo también enfrentan un problema similar de dominio en el campo misionero. Aunque bien intencionado, su uso indiscriminado del dinero amenaza la integridad misma de la iglesia. Convierte la iglesia del campo misionero en un negocio de albergue de grupos misioneros. También tiene la tendencia de convertir a los líderes de la iglesia nacional en vendedores que tratan de ganarse el favor de los ricos para el proyecto del pastor o líder. Cuando los visitantes extranjeros adinerados determinan qué proyectos apoyarán, ejercen el control. La iglesia del campo misionero se subordina a los ricos visitantes a corto plazo. Como los misioneros occidentales que controlaron el campo misionero en el pasado, esta práctica se conoce como colonialismo.

Los líderes misioneros del siglo XIX estaban conscientes de este problema de control y dominio misionero. A fines del siglo XIX, los líderes de las misiones estaban cuestionando los enfoques coloniales de las misiones. Las agencias misioneras no denominacionales, un fenómeno nuevo a fines del siglo XIX, eran sociedades misioneras sin afiliación estatal o denominacional. Para los líderes de misiones resultó obvio que estos modelos coloniales que a menudo resultaban en el dominio occidental eran problemáticos y tenían rendimientos decrecientes. En 1912, Roland Allen publicó su innovador libro sobre misiones, *Métodos misioneros, ¿San Pablo o el nuestro?* Este libro explicaba que los misioneros eran transitorios y que las misiones debían pasar al liderazgo nacional y dejar de depender de los misioneros (Allen 1960, 151). A principios de la década de 1900, las formas coloniales de misiones estaban en cuestionamiento. Allen fue uno de los primeros en darse cuenta de que los misioneros podrían dañar el campo misionero al excluir a los nacionales del liderazgo.

> *Las iglesias [en el campo misionero] debían ser autosuficientes, auto-propagables y auto-gobernables.*

En 1869, el líder de misiones Rufus Anderson presentó oficialmente un nuevo concepto conocido como el "los tres autónomos", que empoderaba a los nacionales (Shenk 1981, 171). Rufus Anderson y Henry Venn, ambos misioneros y ejecutivos de agencias misioneras, propusieron este concepto del "yo" por separado, pero aproximadamente al mismo tiempo (1981, 171). El concepto del "auto..." abordó el tema de la plantación de iglesias que podrían estar separadas de la agencia misionera y ya no depender de las estaciones misioneras (Winter et al. 2009, 520). Este proceso alivió la carga financiera de la agencia misionera y permitió a las iglesias prosperar por sí mismas. Las iglesias debían ser autosuficientes, auto-propagables y auto-gobiernables como iglesia (Terry, Smith, and Anderson 1998, 307). Este fue un alejamiento deliberado de las iglesias misioneras que tenían una afiliación denominacional. Con el fin de disminuir el control y la dependencia, la agencia de misiones extranjeras inició iglesias y luego las "nacionalizó" enfocándose en los tres "autos...".

Como beneficio, los tres autónomos respetan el liderazgo nacional y la diversidad de expresiones culturales. También produce una iglesia que no depende de los recursos de los extranjeros ni de sus caprichos. La perspectiva del auto-movimiento, que fue la fuerza moldeadora del siglo XX (Hiebert 1987, 106), fue compartido por muchas organizaciones/agencias misioneras y misioneros, y ayudó a promover iglesias nacionales independientes. Prácticamente todas las agencias misioneras denominacionales y no denominacionales utilizan estrategias de auto-movimiento.

Cuando el misionero se aleja y la iglesia está completamente nacionalizada, la iglesia en el campo misionero queda empobrecida e impotente.

Se han expresado preocupaciones sobre el enfoque del "auto-concepto". En primer lugar, algunos dicen que la fórmula de las tres personas de Anderson fomenta iglesias egocéntricas que no están dispuestas a compartir sus tesoros con otros, una crítica que Anderson negó (Beaver 1979, 96). Invariablemente, el mundo desarrollado realiza misiones con recursos extraordinarios en el mundo en desarrollo. Como explica el líder misionero de principios del siglo XX, Roland Allen, los fondos de la agencia misionera enviados al campo misionero empobrecen el campo misionero o esos fondos causan una dependencia total de la agencia misionera (Allen 1960, 151). Innumerables agencias misioneras pueden mostrar ejemplos de cómo las iglesias se desintegraron cuando el misionero dejó el campo de misiones (Pocock, Van Rheenen, y McConnell 2005, loc. 5704). El misionero rico en recursos como pastor en el campo de misiones deja a la iglesia del campo misionero en una situación difícil cuando se va. Cuando el misionero se aleja y la iglesia está completamente nacionalizada, la iglesia en el campo de misiones queda empobrecida e impotente.

El "auto-concepto" también puede crear un aislamiento malsano. Tanto la iglesia que envía a la misión, como las iglesias en las misiones recién establecidas deben influirse mutuamente. Misiones no es expansión y aislamiento; es expansión y conexión. B.G.M. Sundkler, un misionero en África y profesor de misiones explica que el auto-movimiento resultó en una explosión de nuevas iglesias independientes en Sudáfrica. Sundkler afirma: "Mi argumento es que ha habido demasiado énfasis en el 'auto…' y muy poco énfasis en lo que es la Iglesia" (Sundkler 1970, 17). No se da lugar a una continuación de principio cuando la iglesia se vuelve demasiado separada e independiente (1970, 17). Sundkler señala que, en algunos casos, las iglesias independientes vuelven a caer en prácticas culturales no cristianas. Sin una conexión con iglesias fuera de su grupo local, no hay frenos y contrapesos para la herejía. Al otro lado de este tema de la independencia, las denominaciones que se han nacionalizado han sufrido una gran pérdida de conocimientos y liderazgo que podrían haber revitalizado la denominación. En la teoría de la revelación general, Dios habla a través de la Biblia, el Espíritu Santo y a través de las personas. Las conexiones interculturales permiten que la iglesia, como se señaló anteriormente, escuche nuevas revelaciones de Dios.

Impulsado por el respeto por los cristianos no europeos y la comprensión de que eran capaces de autodeterminación, la intención del auto-movimiento fue admirable (Bosch 2011, 323). Los tres "autos…" finalmente se expandieron a un cuarto. Los líderes de misiones sintieron que los nacionales también necesitaban desarrollar su propia teología. Así, el cuarto auto es auto-teologizar (Hiebert 1987, 106). La flexibilidad para desarrollar la teología produjo un fundamento para el evangelio contextualizado discutido anteriormente. La idea de auto-teologizar permitió a otras culturas adoptar el evangelio en su contexto y producir nuevos y profundos entendimientos acerca de Dios. Lamentablemente, la tendencia del auto-movimiento a aislar a las iglesias en sus propias culturas disminuyó el impacto que la “auto-teologización” podría tener en la iglesia global. Lo que las diferentes culturas aprendieron sobre el Reino de Dios no se compartió fácilmente con la iglesia en general cuando la iglesia estaba desconectada.

Finalmente, en realidad, los misioneros y las agencias misioneras tienen dificultades para compartir el poder. Los misioneros occidentales, incluso aquellos que practican el modelo del "auto...", encuentran difícil entregar el liderazgo a los líderes nacionales (Wrogemann 2016, 314). El misionero y su organización misionera continúan dominando a los líderes nacionales y las iglesias mientras estén en el país. Desde la perspectiva de los misioneros, los recursos en el campo misionero son recursos que el misionero ha adquirido; y el misionero quiere controlar el uso de estos recursos. Como resultado, es posible que algunos campos misioneros no hayan sido realmente liberados del dominio externo y no sean socios iguales en la iglesia. Desafortunadamente, muchos campos misioneros viven en una relación de dominio o de aislamiento. Los campos misioneros que están bajo el dominio de una agencia misionera tienen recursos, y aquellos que practican la autonomía a menudo carecen de recursos.

Los misioneros y las agencias misioneras tienen dificultades para compartir el poder.

Un pastor nacional me contó una vez la dificultad de seguir al misionero que fundó su iglesia. El misionero fue pastor durante varios años antes de comenzar otra nueva iglesia. La iglesia, explicó el pastor nacional, estaba acostumbrada a los recursos que proporcionaba el misionero. Lo que sea que necesite la iglesia; el misionero pudo proveer. El pastor nacional explicó cómo la congregación se había acostumbrado a no pagarle un salario al pastor. Además, el pastor nacional no pudo proporcionar recursos de donantes para que la iglesia iniciara nuevos programas o hiciera modificaciones en los edificios. El pastor nacional explicó que su tiempo como pastor de esa iglesia fue frustrante. Las expectativas de la congregación, explicó, eran poco realistas. Después de unos años renunció al cargo de pastor.

He observado que el santuario de una iglesia pastoreada por misioneros usualmente tiene tecnología colgando por todos los techos y paredes. La instalación es grande y está estratégicamente ubicada. Una iglesia fundada y pastoreada por un nacional a menudo tiene un antiguo sistema de megafonía, y eso es todo. La iglesia está ubicada en la casa del pastor o es una estructura simple. El pastor nacional no tiene los recursos del pastor misionero. En el contexto del mundo en desarrollo, el misionero es un pastor rico y autosuficiente. El pastor nacional a menudo ofrece sus servicios como voluntario o depende económicamente de la iglesia (como lo son los pastores normales).

Cuando era misionero, nuestra agencia misionera dictaminó que los misioneros solo podían pastorear iglesias por períodos cortos, generalmente cuando una iglesia estaba entre pastores. Durante el tiempo que el misionero fue pastor, la iglesia tuvo que pagar a un fondo una cantidad equivalente al salario de un pastor. (La iglesia no le pagó al misionero). En cuanto al desarrollo de una nueva iglesia en el campo misionero, el misionero involucró a un pastor nacional como co-plantador de iglesia. El misionero y un pastor nacional fueron co-pastores. Cuando la plantación de la iglesia alcanzó un tamaño respetable, el pastor nacional se convirtió en pastor principal. Si se necesitaban recursos financieros para apoyar a la nueva iglesia, continuaron después de que el misionero dejó de ser co-pastor.

Una de las dinámicas más desafiantes que enfrentamos en las misiones es cómo los grupos misioneros a corto plazo dañan la iglesia del campo misionero al hacer tratos con pastores nacionales o personas en el campo misionero. Estos grupos a menudo brindan apoyo financiero para cualquier proyecto que los nacionales presenten y/o el donante encuentre atractivo. El apoyo financiero de los proyectos misioneros es una posición de poder e influencia. El misionero a corto plazo visita un país durante una semana o dos, un pastor o líder nacional les hace un llamamiento financiero y el grupo misionero a corto plazo comienza a recaudar dinero para ayudar. Estos grupos de misiones a menudo hacen más daño del que creen. Rompen totalmente cualquier sentido de responsabilidad y toma de decisiones grupales por parte de los nacionales. La dinámica de la toma de decisiones sobre la cultura comunal es desconocida y ciertamente ignorada por estos grupos a corto plazo (ver Sección 2.3).

La dinámica cultural también debe tenerse en cuenta al realizar proyectos en una cultura diferente. El sistema en ese país, a menudo desconocido para el misionero a corto plazo, es culturalmente apropiado y proporciona frenos y contrapesos. En otras palabras, a menudo existe un sistema social que es culturalmente apropiado que se utiliza para tomar decisiones. Este sistema de responsabilidad culturalmente apropiado asegura que el proyecto sea una prioridad y no solo la idea egoísta de una persona (Pocock, Van Rheenen, and McConnell 2005, loc. 5736). La toma de decisiones sobre proyectos en el campo misionero implica sensibilidad cultural y comprensión a una profundidad que ningún grupo de corto plazo ha tenido.

El control por la riqueza es el control colonial clásico.

El dominio se experimenta cuando el sistema de gobierno de la iglesia es totalmente ignorado y alguien en un viaje misionero a corto plazo desde una iglesia local de los EE. UU. acepta apoyar financieramente el proyecto de un individuo en particular en el campo de misiones. Si el benefactor solo ofrece dinero para las necesidades del pastor de jóvenes, y no el director del ministerio de niños o el líder de adoración, surgirán fricciones entre estos varios líderes de la iglesia. El líder nacional puede incluso sentir la necesidad de comercializar su proyecto a diferentes miembros del equipo de misiones visitante. El enfoque de los dones indiscriminados permite el favoritismo y es posible que no se satisfagan las necesidades reales de la iglesia. El control por la riqueza es el control colonial clásico. El acto de los benefactores ricos que eligen proyectos para apoyar, o no apoyar, es control. Ninguna iglesia puede sobrevivir a esta práctica, sin embargo, esto es demasiado común en el campo misionero.

Los benefactores del viaje misionero a corto plazo pueden o no estar ayudando a líderes éticos, o personas que son respetadas por sus compañeros. La generosidad de los equipos misioneros a corto plazo generalmente se basa en las primeras impresiones. No se consulta a la asociación de la iglesia, el presbiterio o la junta de la iglesia local o congregación. En algunos casos, los donantes adinerados proporcionan edificios para un líder nacional sin preguntar quién es el propietario de la tierra. Eventualmente, los pastores y líderes nacionales saben cómo atraer y convencer a grupos misioneros a corto plazo y presentar sus proyectos. Esta práctica también puede ralentizar o detener el ministerio cuando los nacionales creen que solo pueden contar con el apoyo de un benefactor rico (2005, loc. 5751).

Roland Allen reconoció los peligros de los donantes ricos a principios del siglo XX. Advirtió a otros sobre la formación de organizaciones en el campo misionero que no dependieran de recursos extranjeros y declaró: “La prueba de todas las organizaciones [de misiones] es la naturalidad y la permanencia” (1960, 151).

Los visitantes adinerados a corto plazo que gastan dinero en proyectos crean una tensión malsana entre los líderes nacionales, los que tienen conexiones y los que no las tienen. Estos visitantes a corto plazo solo ofrecen un apoyo transitorio y no natural (2005, loc. 5462). En los países en desarrollo de América Central, partes del Caribe y África, los líderes nacionales dedican cada vez más su tiempo a establecer conexiones con la riqueza occidental y a presentar proyectos a los visitantes a corto plazo. Prácticamente una empresa, infraestructuras completas, a veces se construyen en torno a grupos de misiones a corto plazo y sus donaciones. Los campamentos y las casas se modifican para grupos, cafeterías y transporte, todo a un precio. Estas infraestructuras se han convertido en negocios porque todo tiene un precio fijo, y estos negocios crean un sistema de bienestar de dependencia de los misioneros occidentales tanto a corto como a largo plazo (2005, loc. 5465). Las donaciones indiscriminadas no tienen en cuenta que las personas con malos motivos pueden contar historias convincentes para fomentar el apoyo (2005, loc. 5740). Pueden ser mejores comunicadores que los líderes éticos.

En un viaje a América Central, vi una hermosa iglesia de aspecto occidental en la esquina de una calle. Parecía fuera de lugar para su contexto. Fue muy agradable y atractivo para mis ojos occidentales. Detrás de la iglesia había pequeñas cabañas, cada una con aire acondicionado y calentador de agua. Me enteré de que el pastor era nacional y estaba totalmente pagado con dinero de los EE. UU. Descubrí que esta iglesia siempre tiene equipos de trabajo de EE. UU. Es un negocio/ministerio construido alrededor de misiones. La iglesia proporciona un lugar para realizar proyectos misioneros a corto plazo, y los obreros misioneros extranjeros a corto plazo apoyan a la iglesia. Tal vez haya una junta de la iglesia detrás de este negocio misionero, proporcionando responsabilidad. Dicho esto, no puedo imaginarme cómo sería asistir a mi iglesia en los EE. UU., sabiendo que mi pastor recibe el salario completo de donantes de otro país y que el edificio de mi iglesia es mantenido por extranjeros.

El campo misionero y misionero colaboran en el ministerio y dependen unos de otros como colaboradores.

Mi abuelo fue pastor del estado de Texas en la primera mitad del siglo XX. Su iglesia tenía pozos de petróleo en su propiedad. Cuando llegó como nuevo pastor, se enteró de que la mayoría de la iglesia no diezmaba. A menudo se preguntaba si la iglesia hubiera estado mejor sin los pozos de petróleo. Al menos los pozos de petróleo permitieron al liderazgo de la iglesia local el derecho a decidir como grupo de líderes cómo se utilizarían sus regalías petroleras. En el caso de los equipos misioneros, los extranjeros deciden.

El concepto de dependencia mutua implica algunas características positivas del "auto-concepto", pero va mucho más allá. Primero, el concepto de los tres autos... afirma el valor de otras expresiones culturales del cristianismo. No se intenta reemplazar otras culturas con culturas occidentales; el concepto de dependencia mutua valora el liderazgo nacional. Roland Allen observa cuán rápido Paul confió toda la iglesia de la misión a los líderes locales (Newbigin 1995, loc. 1759). El concepto de dependencia mutua coloca el liderazgo de la iglesia en manos de los nacionales lo antes posible. Ve al misionero como un colaborador, un socio en el ministerio con los nacionales. El campo misionero y el misionero colaboran en el ministerio y dependen unos de otros como colaboradores. Entienden el valor que ambos aportan a la iglesia. La iglesia en el campo misionero no es un grupo cultural aislado. El concepto de dependencia mutua ve al ministerio como algo más que individuos; son las personas de la comunidad que brindan responsabilidad y un ministerio compartido. Este enfoque se aleja tanto del aislamiento cultural como del control y la dominación.

El concepto de dependencia mutua requiere que el misionero sea una fuente de recursos para los demás, pero no de manera que cree dependencia o control.

Con este método, el misionero y los equipos misioneros a corto plazo no son individuos que actúan como Papá Noel distribuyendo regalos. Trabajan a través de un sistema colaborativo que determina dónde y cómo se utilizarán los recursos. En este enfoque, la toma de decisiones implica la colaboración y el intercambio. El concepto de dependencia mutua puede requerir que el misionero desarrolle un grupo de líderes nacionales que puedan colaborar y orientar los recursos del grupo, si no hay un cuerpo de toma de decisiones en el campo misionero. Formar un equipo de toma de decisiones es necesario donde no hay un grupo de toma de decisiones nacional. Las denominaciones tienen la ventaja de un sistema probado y comprobado. Tienen una política de la iglesia, instituciones, sistemas (asociaciones, presbiterios, consejos, etc.) que permiten la toma de decisiones en grupo. El concepto de dependencia mutua requiere que el misionero sea una fuente de recursos para los demás, pero no de manera que cree dependencia o control. Los nacionales se empoderan cuando pertenecen a un sistema de sus pares y cuando los misioneros son parte de ese sistema (no sobre el sistema). El misionero establece y luego utiliza este sistema de pares y ayuda a los nacionales a cumplir su visión al proporcionar recursos.

El concepto de "auto..." tiende a establecer un liderazgo nacional y seguir adelante. El concepto de dependencia mutua establece el liderazgo nacional en un sistema, una organización de responsabilidad nacional, y luego forma una relación con estos líderes. En realidad, el misionero es un voto y una voz en el sistema. La innovación de la dependencia mutua no permite que el misionero (y la iglesia que envía) abandone la iglesia o iglesias en el campo de misiones. El misionero es un colaborador en el ministerio. Las denominaciones y las agencias misioneras deben enfatizar la conexión, el poder compartido y la transformación mutua, no la separación/aislamiento o el dominio.

> *La confianza y el financiamiento de las ideas de otras personas construyen puentes hacia el futuro y hacia iglesias sólidas.*

Como advertencia, cuando el misionero o la agencia misionera ha tenido éxito en establecer el sistema (si aún no existe uno), un grupo misionero a corto plazo u otros misioneros pueden dañar el sistema con su generosidad y trato con individuos. Cuando el donante no usa un sistema de rendición de cuentas entre pares para guiar las donaciones, el donante expresa poder y control. No crean autosuficiencia sino una atmósfera de dependencia y dominio. Si los misioneros muestran respeto a los nacionales, que fue el énfasis del movimiento del "auto...", entonces deberían relacionarse con ellos como colaboradores en el ministerio. Nadie conoce el campo misionero mejor que los nacionales. Tienen las conexiones y el conocimiento cultural para ser eficaces. El objetivo es que los misioneros sumen sus recursos y experiencia a lo que ya tienen los nacionales. Los líderes que se respetan utilizan el diálogo y toman decisiones juntos. Esta actitud respetuosa implica construir relaciones, desarrollar confianza, hacer concesiones y hacer sacrificios. Debe entenderse que la dependencia mutua no es un camino fácil para los misioneros. De hecho, puede ser un camino frustrante. Los nacionales a menudo toman decisiones sobre los recursos que los misioneros pueden encontrar cuestionables. Dicho esto, la confianza y el financiamiento de las ideas de otras personas construyen puentes hacia el futuro y hacia iglesias sólidas.

3.4 El Enfoque Central Unificador

> *La unidad es la capacidad de confiar unos en otros y trabajar juntos por objetivos comunes.*

La unidad cristiana es un desafío y una lucha constante. La iglesia es un lugar donde se forman grupos en varios niveles. En todos los casos, tiene que haber unidad para que cada uno de esos niveles funcione. Por ejemplo, una iglesia es una congregación de personas. Este grupo, el nivel más obvio de la iglesia, necesita armonía para ser funcional. Las congregaciones forman un nivel de liderazgo; las iglesias establecen equipos de líderes. Los líderes necesitan armonía para funcionar con eficacia. Los equipos de líderes son el cuerpo gobernante de la iglesia local, un consistorio de ancianos o una junta de diáconos. En otro nivel, las iglesias se reúnen en grupos más grandes de iglesias, como presbiterios, distritos, asociaciones, sínodos, asambleas. Estas asociaciones más grandes también necesitan armonía para funcionar bien. En el marco de la iglesia global, las iglesias se reúnen internacionalmente. Todos estos grupos, en todos sus niveles, requieren unidad para funcionar. La unidad es la capacidad de confiar los unos en los otros y trabajar juntos por objetivos comunes. La unidad implica relaciones significativas. Esta sección explora formas de estructurar un grupo para que esté unificado.

En un proyecto de investigación dentro de mi denominación que involucró entrevistas internacionales y grupos focales con líderes de iglesias en siete países diferentes, descubrí una paradoja. Estuvimos discutiendo cómo tener una identidad denominacional compartida y cómo cada país puede mantener su identidad cultural única. Los diferentes líderes del estudio respondieron primero que todos debemos ser flexibles y respetuosos con las diferencias de los demás. En segundo lugar, afirmaron que todos debemos estar de acuerdo en las doctrinas esenciales o creencias mínimas, con la Biblia como fuente de doctrinas esenciales. Sin embargo, como se esperaba, una mayor discusión condujo a muchas interpretaciones diferentes de lo que significan las diferentes escrituras. Los participantes en el estudio querían respeto y flexibilidad por sus puntos de vista. Paradójicamente, los líderes querían diversidad, pero también querían conformidad.

El grupo tiene una identidad porque todos los miembros del grupo se han unido al grupo y siguen sus reglas de membresía.

El estudio de siete países mostró que los líderes sabían que la flexibilidad y la diversidad eran importantes. La flexibilidad es de vital importancia en una iglesia multicultural y multinacional. La paradoja era que los mismos líderes sabían que tenía que haber un valor compartido y un sistema de creencias y conformidad con ese sistema. La pregunta esencial para un grupo multicultural que desea la unidad es: ¿Cómo formamos un grupo unificado que respete la diversidad?

Paul Hiebert, misionero en África y erudito en misiones, explica que una forma de formar un grupo es por límites. Los que están en los límites están en el grupo. Este sistema de límites significa que una persona pertenece a un grupo y no a ningún otro grupo (Hiebert 2008, loc. 653). Somos cristianos, no musulmanes. Somos bautistas, no presbiterianos. El grupo lo definen los miembros del grupo que siguen las reglas esenciales de membresía. El grupo tiene una identidad porque todos los miembros del grupo se han unido al grupo y siguen sus reglas de membresía. El grupo de límites es homogéneo (todos son similares) porque todos encajan dentro de los límites (criterios) del grupo.[3]

Algunos grupos encuentran su identidad grupal enfocándose en creencias esenciales. Los miembros del grupo aceptan las creencias. Aquellos que creen en las cosas correctas, sin importar cómo se defina, están dentro de los límites y en buena posición en el grupo. Los que están fuera de los límites no están en buena situación. El desafío de un grupo multicultural es cómo definir límites cuando existen preferencias culturales. Los límites del grupo son un desafío cuando existen diferencias culturales.

El estudio de siete naciones reveló que los participantes de la investigación preguntaban sobre los criterios para ser un buen Presbiteriano Cumberland. ¿Cuáles son los limites? Esa pregunta llevó a los participantes de la investigación a preguntarse entre sí cuáles eran los requisitos mínimos. La cuestión de los requisitos mínimos es en realidad una cuestión de flexibilidad. ¿Qué tan diferente puedo ser de los demás y seguir estando en el grupo? Hiebert señala que el enfoque de los límites es legalista; no es relacional (2008, loc. 655). Los del grupo deben concentrarse en las reglas para estar seguros de que son parte del grupo.

El sistema de límites conduce al problema de la flexibilidad. El grupo de límites rápidamente se encuentra con áreas grises, aquellas personas que los líderes están tratando de determinar si cumplen con todos los criterios del grupo. Los del grupo saben que ellos (y otros) no están siguiendo todas las reglas; por lo que ellos también quieren saber dónde se encuentran ellos (y otros) como miembros del grupo. El desafío es que estas personas no están seguras de su posición en el grupo. El sistema de límites también tiene otro desafío. Los líderes del grupo se dan cuenta de que se está excluyendo a las personas y esta exclusión da como

---

[3] Esta es la teoría de conjuntos intrínseca y extrínseca de Paul Hiebert. Estoy usando "límites" (intrínsecos) y "enfocados" (extrínsecos) en lugar de sus términos más técnicos.

resultado un declive del grupo. Por lo tanto, el problema para los líderes es qué excepciones se pueden permitir para más inclusiones en el grupo.

En un entorno multicultural, las personas son diferentes. El desafío es ser flexible y adaptarse a diferentes estilos, normas y perspectivas culturales. La necesidad de flexibilidad enfatiza el sistema de límites, y pronto hay conversaciones sobre cómo ser más inclusivos. ¿Flexibilidad significa que una persona no tiene que adherirse a todos los criterios de un grupo para estar en el grupo? ¿Flexibilidad significa que hay algunos criterios esenciales que todos deben cumplir? ¿Es eso lo suficientemente bueno? De manera problemática, el concepto de grupo de límites es rígido y hacerlo flexible es complicado y controvertido.

El estudio de siete naciones expuso este problema. Los participantes de la investigación estaban tratando de encontrar una manera de tener flexibilidad y también conformidad grupal (límites). Este dilema fue la paradoja.

> *El concepto de grupo de límites es rígido y hacerlo flexible es complicado y controvertido.*

Jesús encuentra este problema de límites. Los líderes religiosos judíos confrontan a Jesús en varias ocasiones diciendo que ni él ni sus discípulos están respetando los limites judíos (Marcos 2:23 y sigs., Lucas 11:38, Mateo 9:11). La perspectiva de los líderes judíos es legalista, una perspectiva común cuando se usa el sistema de límites. Los que siguen las reglas están en el grupo; los que no, están fuera del grupo. El sistema de límites también tiende a ser homogéneo, enfatizando la igualdad. El libro de los Hechos del Nuevo Testamento y las cartas de Pablo demuestran la lucha que la iglesia primitiva estaba teniendo con los límites y la aceptación de los cristianos gentiles (Hechos 15, Romanos 2: 12-29). La cultura y los rituales judíos son la cultura y los rituales de los discípulos. Expandir la iglesia para incluir a los gentiles requiere evaluar qué papel juegan la cultura judía y sus rituales en la conversación y aceptación de los gentiles como hermanos y hermanas en Cristo. ¿Puede un gentil ser cristiano? ¡Si! Si es así,

¿necesitan primero ser judíos? Los discípulos luchan con este dilema de los cristianos que tienen dos identidades: su identidad gentil y su identidad cristiana. El sistema de límites lucha por permitir la diversidad cuando insiste en la conformidad con las reglas del grupo.

Hiebert observa que las culturas en las partes tribales del mundo ven la formación de grupos de manera diferente (Hiebert 2008, loc. 647). Un grupo enfocado es aquel que tiene un enfoque central, por lo que no está definido por estándares y límites. La clave para formar este grupo es un enfoque central (Hiebert 1994, 123). Por ejemplo, la reunión de la familia Smith es un grupo de enfoque central. Todos tienen los mismos abuelos. El grupo de enfoque central está definido, pero está definido por su enfoque común. La clave de este sistema de formación de grupos está en las relaciones, no en las reglas (1994, 124). El enfoque central atrae a las personas hacia el grupo, y el grupo se forma relacionalmente alrededor del enfoque central. Por lo tanto, el grupo se forma en función del movimiento hacia el centro, no de los límites. Por ejemplo, la gran reunión de la familia Smith se centra en la emoción de ser Smith. Aquellos que asisten a la reunión, a pesar de la diversidad de los Smith, se sienten atraídos por su enfoque común. Debido a que este sistema se basa en las relaciones y el movimiento hacia el centro, algunos en el grupo se están moviendo hacia el centro y otros se están alejando (1994, 124). Algunos Smith nunca asisten a la reunión familiar. Otros asisten a todas las reuniones familiares. Moverse hacia el centro produce conexiones relacionales con aquellos que tienen el mismo enfoque central. Alejarse significa que la persona se está desconectando relacionalmente de los del grupo. No son tan activos; son apáticos. Por lo tanto, se están alejando. El concepto gira en torno a un foco central y un movimiento hacia o lejos del foco.

El concepto [de foco central] gira en torno a un foco central y un movimiento hacia ese foco o alejamiento.

Un buen ejemplo de este sistema de formación de grupos se encuentra en los aficionados de un equipo deportivo. Un aficionado que se ha dedicado recientemente al equipo es tan aficionado como las personas que han estado comprometidas toda su vida. Se aceptan fácilmente como compañeros fans. El enfoque central del grupo permite la diversidad en cultura, política, género y edad. También pueden pertenecer a otros grupos, por lo que tienen más de una identidad. El énfasis en la pertenencia al grupo de aficionados es un compromiso con el equipo y con el grupo de aficionados. El líder de misiones, David Livermore, señala que los grupos focales centrales, también, tienen límites. Estos límites se establecen a medida que el grupo se relaciona entre sí (Livermore 2009, 175). Por lo tanto, los estándares de grupo están relacionados con componentes relacionales. Un aficionado que nunca viste la camiseta, no se para con otros aficionados para animar al equipo ni asiste a los partidos, no es un aficionado.

El estudio presbiteriano Cumberland de siete naciones que analizó las cuestiones de identidad reveló un puñado de conceptos comunes que la mayoría de los líderes de la iglesia encontraron atractivos. Cuando la iglesia habla de Jesucristo, las misiones, la iglesia como una familia internacional o el nacimiento de la iglesia durante el movimiento de avivamiento a principios del siglo XIX, encuentra un enfoque central atractivo. Curiosamente, la historia de cómo nació la denominación presbiteriana Cumberland es atractiva para todos los que la escuchan. Se convierte en una historia compartida y unificadora para todos los diferentes países con las iglesias presbiterianas Cumberland.[4] Los líderes se sienten atraídos por estos temas y encuentran unidad. Estos temas atraen a la gente y crean la tribu.

---

[4] La Iglesia Presbiteriana Cumberland fue fundada en 1810 en las afueras de Nashville, Tennessee. La Iglesia Presbiteriana Cumberland fue un producto del Segundo Gran Despertar estadounidense. El nombre Cumberland refleja el lugar geográfico donde nació la iglesia, la meseta Cumberland de Tennessee y Kentucky. Esta área comprendió el corazón del Gran Despertar. La Iglesia Presbiteriana Cumberland, como resultado del momento de avivamiento que provocó su nacimiento, rechazó la predestinación.

Al igual que dos personas que visten la misma camiseta de un equipo deportivo, cuando se ven en la acera, el enfoque compartido de los fanáticos puede crear una conexión relacional.

El grupo de enfoque central tiene varias ventajas. Primero, las personas pueden formar parte de más de un grupo (Hiebert 1994, 127–28). Pueden aferrarse a su singularidad cultural y expresar devoción a Jesucristo. Pueden ser japoneses (identidad étnica), cristianos (identidad religiosa) y presbiterianos (identidad de la iglesia). En un grupo de enfoque central, todo está en proceso. Se está moviendo hacia el centro o alejándose del centro. La comunidad no se define por criterios; está definida por el movimiento. Esto significa que el grupo puede incluir miembros nuevos inmaduros si están dispuestos a moverse hacia el enfoque central del grupo. Al mismo tiempo, aquellos que han sido pilares fuertes del grupo pueden alejarse y volverse menos activos. El movimiento le da a la iglesia una forma de determinar cuándo las personas abandonan el grupo. Su estatus no está determinado por lo que dicen creer, sino por cómo se relacionan con el grupo. El movimiento es una experiencia común en una iglesia local. Viene gente nueva, encuentran la fe y quieren participar en la vida de la iglesia. Puede que no tengan experiencia en su fe, pero están dispuestos a aprender. Sus creencias no están totalmente en consonancia con la organización a la que pertenecen. Además, algunos que han sido fieles a la iglesia se involucran cada vez menos por alguna razón. En ambos casos ocurre una dinámica relacional. A medida que los nuevos cristianos se involucran más, se conectan más relacionalmente. A medida que los miembros fieles menguantes se involucran menos, se vuelven menos conectados relacionalmente. Irónicamente, de acuerdo con el modelo de grupo de límites, los miembros menguantes a su salida cumplen más con los criterios del grupo que los nuevos miembros entusiastas.

El grupo de enfoque central tiene varias ventajas.

El concepto de enfoque central proporciona una forma

relacional de formar grupos. El método de los límites, común en las culturas individualistas, mantiene unidos a los individuos. Las culturas individualistas enfatizan las reglas para mantener la igualdad (justicia) y administrar el grupo. En algunos contextos, independientemente de las preferencias culturales, los límites son necesarios, como un manual de personal de oficina, regulaciones militares y leyes de tránsito. En los lugares donde el sistema de límites es necesario, las reglas deben seguirse sin excepciones. Sin embargo, los sistemas de límites no funcionan bien para grupos en los que las personas se ofrecen como voluntarias para unirse al grupo. El concepto de enfoque central llama a la iglesia, o las agencias misioneras, a enfocarse en un tema central que las personas encuentran atractivo. A medida que avanzan hacia el tema, se acercan entre sí.

Paul Hiebert señala que Jesucristo es el foco central de la iglesia (1994, 125). En un artículo sobre Hiebert, Michael Lee explica que este puede ser un enfoque noble pero posiblemente ambiguo (Lee 2007, 42). En general, el enfoque en Jesucristo unifica a los cristianos de diferentes naciones. Pero al defender diferentes doctrinas cristianas, pueden ocurrir momentos de desacuerdo sobre ciertos aspectos de la vida y el ministerio de Jesús. No obstante, un enfoque central atractivo puede atraer a las personas a las relaciones, y esas relaciones pueden transformar a los del grupo. Comprender lo que atrae a las personas hacia el enfoque central unifica al grupo, sin adherirse a todos los credos. A medida que las personas se sienten atraídas, se conectan, crecen, confían entre sí y todo cambia. Las creencias son importantes, pero se adquieren mejor en relaciones amorosas y de confianza. La ortodoxia llega cuando el grupo se siente atraído hacia un enfoque central y hacia una relación.

El modelo de enfoque central de la formación de grupos ofrece la ventaja de pertenecer a más de un grupo. En la iglesia intercultural global, esto es importante. Se puede pertenecer a un grupo local con sus propios estilos culturales y también a un grupo más grande, una denominación con su historia y estructura. Uno puede ser parte de dos grupos porque uno se está moviendo hacia conexiones relacionales en ambos grupos. El grupo cristiano más grande tiene un enfoque central global, el enfoque trae conexión intercultural. Por ejemplo, la persona de Jesucristo, su muerte y resurrección, y nuestra familia teológica (reformada, pentecostal, calvinista, quien quiera), son centros que atraen. En el caso de la Iglesia Presbiteriana Cumberland, tenemos una historia compartida que todos celebramos. Tenemos un sistema de gobierno que todos entendemos y apreciamos, y tenemos temas doctrinales básicos que todos compartimos. Estos temas crean conexiones relacionales globales a medida que nos enfocamos en ellos. Los temas unificadores trascienden nuestras culturas. Podemos tener más de una identidad porque podemos sentirnos atraídos por varios enfoques centrales. Así, podemos formar parte de más de un grupo. Este enfoque permite la singularidad cultural y, por otro lado, la identidad compartida globalmente.

El enfoque central unificador les da a los del grupo una razón para conectarse.

En el caso del campo misionero, la idea de un enfoque central unificador desafía a los misioneros a identificar un tema atractivo en su fe cristiana. Los temas atractivos son numerosos. Un misionero puede enfocarse en una escuela/énfasis teológico en particular (calvinismo, libre albedrio, pentecostalismo), un sistema de gobiernos de la iglesia (obispos, presbiterios, congregacionalistas) o un ministerio específico (jóvenes, niños, familias, adoración, los pobres). El desafío es tener un enfoque. El enfoque atrae y mueve a las personas hacia la comunidad. Interactuar con la gente y probar el atractivo de ideas y conceptos es el trabajo de un misionero. ¿Qué temas atraen a las personas y las atraen al grupo? Este enfoque permite a las personas unirse cuando aún están lejos del ideal. La esperanza es que las relaciones y la comunidad cambien a los del grupo. El concepto de enfoque central unificador desarrolla la ortodoxia a medida que los miembros se mueven hacia el centro y hacia la comunidad, y se inspiran mutuamente para cambiar.

Jesús comió con recaudadores de impuestos y prostitutas y fue criticado; sin embargo, Jesús comió con ellos y los aceptó como una expresión de movimiento hacia un foco central. Estaban en un proceso; y debido a que habían entrado en el proceso, fueron aceptados. La salvación funciona de la misma manera. Somos pecadores imperfectos, pero nos dirigimos hacia Jesucristo. Somos aceptados por Dios porque nos movemos, siendo todavía pecadores. Cuando las relaciones surgen de un enfoque central unificador, las personas construyen una comunidad a medida que avanzan hacia esos temas de conexión. Como se indica en la sección de la Trinidad, la salvación y la transformación se encuentran en la relación, y la iglesia es llamada y enviada para conectarse relacionalmente. El enfoque central unificador les da a los del grupo una razón para conectarse.

> *Las personas que aspiran a ejercer el ministerio con personas de diferentes idiomas y culturas deben superar las barreras culturales y necesitan habilidades especiales para hacerlo. Estas personas se llaman "misioneros".*

3.5 El Concepto de Oportunismo

El ministro y misiólogo presbiteriano, Ralph Winter, presenta la idea de evitar las barreras para realizar una labor misionera eficaz. Creo que las ideas de Winter sugieren el concepto de oportunismo. En mi práctica como misionero y director de misiones, este concepto ha sido indispensable.

Ralph Winter desarrolló la idea de cuantificar las barreras al evangelismo. En particular, cuantificó las barreras de las diferencias lingüísticas y culturales (Winter et al. 2009, 349–50). Su idea era que cuando uno comparte su fe con su vecino, asumiendo que son de la misma cultura y etnia, la persona que comparte no tiene que superar ninguna barrera lingüística o cultural. Winter se refirió a esto como evangelismo E-1. La "E" significa "evangelismo" y el "1" representa el nivel de dificultad. Su escala va de E-1 a E-3. La clasificación E-3 representa el evangelismo con importantes barreras culturales y lingüísticas entre el misionero y los que están en el campo misionero.[5]

Por ejemplo, los directores de misiones a menudo explican a las personas que aspiran a ser misioneros de los EE. UU. Que aprender español es un esfuerzo de tiempo completo de un año; y aprender japonés es un esfuerzo de dos años a tiempo completo. Los estadounidenses suelen necesitar al menos un año para obtener un nivel modesto de español y dos años para obtener ese mismo nivel modesto en japonés. Además, la cultura latina tiene muchas similitudes con la cultura estadounidense. Ambas tienen raíces cristianas porque América Latina fue influenciada por la Iglesia Católica y América del Norte por refugiados religiosos protestantes. En el caso de Asia, existe un abismo mucho mayor de diferencias culturales. Así, según Winter, los estadounidenses tienen mayor dificultad para llegar a una persona asiática (E-3) que a una latinoamericana (E-2). En realidad, las misiones transculturales comienzan con el evangelismo E-2 y E-3 (Winter et al. 2009, 349–50). La idea de barreras culturales ayuda a definir el "llamado" de ser misionero. Las personas que aspiran a ejercer el ministerio con personas de diferentes idiomas y culturas deben superar las barreras culturales y necesitan habilidades especiales para hacerlo. Estas personas se llaman "misioneros".

El modelo de agricultor dedica tiempo a planificar y cultivar.

La idea de comprender que existen barreras ayuda a definir el trabajo de un misionero y sus limitaciones. Un misionero debe superar las barreras culturales y lingüísticas únicas para ser eficaz. Sin embargo, como explica Winter, estas barreras pueden ser tan difíciles que impiden la eficacia del misionero. Por lo tanto, Winter propone que los misioneros, para ser efectivos, deben encontrar formas de evangelizar con un mínimo de barreras lingüísticas y culturales.

Winter determinó que hay suficientes iglesias en el mundo para que la iglesia pueda llegar al mundo alcanzando a sus

[5] En realidad, Winter finalmente desarrolló cuatro categorías: E-0 a E-3. E-0 no tenía barreras para evangelizar (McGavran and Wagner 1990, loc. 679).

vecinos. Por ejemplo, el sur de la India puede llegar al norte de la India, que no tiene barreras lingüísticas o culturales significativas. Brasil puede llegar a Portugal porque ambos hablan el mismo idioma (McGavran and Wagner 1990, loc. 685). Según Winter, si la iglesia en el campo misionero y la que envía tienen menos barreras, entonces la iglesia puede evangelizar de manera realista al mundo entero. Winter argumentó que los misioneros son más efectivos cuando hay menos barreras lingüísticas y culturales.

La Biblia muestra cómo los primeros misioneros iban a las sinagogas (Hechos 13). La evangelización de los judíos a los judíos no fue un gran salto lingüístico o cultural. Los judíos cristianos que iban a una sinagoga judía redujeron las barreras culturales. Esta estrategia brindó una gran oportunidad para que los cristianos judíos evangelizaran y formaran iglesias. Incluso Jesús llevó a sus discípulos a los samaritanos, que eran similares a los judíos. (Winter et al. 2009, 352–53). Las primeras incursiones de Jesús en el alcance de los gentiles con personas que eran lingüística y culturalmente accesibles demostraron que él, y más tarde sus apóstoles, estaban siendo pragmáticos y oportunistas. Las primeras personas a las que se acercaron para evangelizar eran personas no muy diferentes de Jesús o sus discípulos.

He experimentado dos enfoques generales de las misiones y la plantación de iglesias. Un enfoque, el modelo del *agricultor*, dedica tiempo a planificar y cultivar. El agricultor establece metas, por ejemplo, una cosecha de maíz, y luego se ocupa de preparar los campos, plantar, fertilizar y esperar la cosecha. Las misiones, en particular la plantación de iglesias, a menudo tienen este enfoque. La agencia de misiones determina el área objetivo (demografía), evalúa los recursos humanos y financieros y recluta o asigna trabajadores. Luego, la agencia comienza a trabajar en el plan para lograr sus objetivos. El otro enfoque y uno que vemos a menudo en la práctica por los nacionales en el campo misionero es el modelo del cazador. El cazador tiene un objetivo muy general, como la comida. El cazador se adapta a la situación y al entorno. Puede encontrar un ciervo, un jabalí, un faisán o incluso un pez. Como oportunista, el cazador satisface un objetivo estando abierto a muchas posibilidades. Si el juego manchado cumple el objetivo, entonces todo cambia para adaptarse a la nueva oportunidad. La cena puede ser de aves de corral, no de cerdo, venado o pescado. Las oportunidades determinan la dirección.

El enfoque de Winter revela la idea de oportunismo, aunque en ninguna parte presenta el término "oportunismo". Su enfoque es pragmático, los misioneros evitan grandes barreras. Por lo tanto, el misionero encuentra (busca) oportunidades para alcanzar lo que es accesible. Este enfoque implica encontrar puertas abiertas. El oportunismo requiere una mente abierta e implica planificar de una manera diferente. El agricultor puede tener planes detallados, pero el cazador debe tener una mente más abierta y buscar oportunidades dondequiera que lo lleve. El cazador tiene planes, pero son diferentes al enfoque del agricultor. El cazador tiene contingencias y es flexible. El cazador, que no está seguro de qué juego encontrará, tiene un plan para todas las posibilidades. Una vez que el cazador adquiere el juego, sabe cómo preparar lo obtenido. El agricultor puede planificar con mucha antelación y seguir un proceso sistemático. El cazador desarrolla el plan a medida que se desarrolla la caza. El cazador se adapta.

El oportunismo requiere una mente abierta e implica planificar de una manera diferente.

Pablo y los otros apóstoles del libro de los Hechos buscan oportunidades. Algunos grupos y comunidades son receptivos al evangelio, por lo que Pablo viaja a esos grupos y se queda con ellos. Otros no son receptivos, así que Pablo sigue adelante (Hechos 14: 19-23). Donald McGavran, un misionero en la India se refiere a esperar el momento adecuado para hacer el ministerio como madurar. Hay un momento adecuado para compartir el evangelio. Esta perspectiva comprende que cuando las situaciones cambian, los grupos de personas pueden volverse más receptivos al evangelio (McGavran and Wagner 1990, loc. 2260). El punto de receptividad significa que el misionero va donde las oportunidades se presentan y las situaciones cambian; a veces las barreras se debilitan.

Durante los últimos años, muchas iglesias, en su mayoría iglesias tradicionales y establecidas, utilizan el enfoque más científico para la plantación de iglesias. Históricamente, el enfoque de EE. UU. ha sido apuntar a un área, generalmente un nuevo suburbio en el que la gente se muda. Este enfoque implica un estudio demográfico, profesional o informal, y luego un plan escrito con presupuestos. La iglesia recluta a un plantador, nombra un grupo de trabajo y procede a plantar una nueva iglesia. Este enfoque suele ser caro y, en algunos casos, tiene éxito. Vemos el otro enfoque en algunos países fuera de los EE. UU. Cada iglesia usa familias dentro de su iglesia para desarrollar un punto de misión satélite. Por lo general, una familia fuertemente comprometida que vive a varias millas (kilómetros) de la iglesia abre su hogar a las personas de su comunidad. El pastor y otros líderes trabajan con el punto de misión. Si el grupo crece, la iglesia local intenta alquilar un lugar de reunión. Cuando alcanza un nivel de estabilidad y autosuficiencia, se convierte en una iglesia organizada.

La nueva iglesia se establece a donde conduce la oportunidad relacional.

El agricultor hace planes en un enfoque y el cazador busca oportunidades relacionales en el otro. El oportunismo significa que una misión puede terminar en vecindarios que los líderes de la iglesia nunca hubieran tenido como objetivo para una nueva iglesia. Es posible que la nueva plantación de iglesias no se esté trasladando a los nuevos suburbios, sino a zonas pobres y peligrosas de la ciudad. La nueva iglesia se establece donde conduce la oportunidad relacional.

Las conexiones relacionales entre países han jugado un papel importante en la expansión de la Iglesia Presbiteriana Cumberland a otros países. La Iglesia Presbiteriana Cumberland tiene iglesias de habla coreana en los Estados Unidos. Esas iglesias tienen familiares en Australia. Como resultado de esas conexiones relacionales, la Iglesia Presbiteriana Cumberland ha podido iniciar iglesias entre coreanos en Australia. Muchos presbiterianos Cumberland mexicanoamericanos viven en los Estados Unidos. Han abierto puertas a familiares y amigos en México. Ahora, como resultado, las iglesias presbiterianas Cumberland están en México. Durante muchos años, equipos misioneros han viajado a Haití para trabajar con diferentes proyectos. Como resultado de años de equipos misioneros a corto plazo presbiterianos Cumberland, se han desarrollado relaciones significativas con pastores cristianos haitianos. Después de un proceso que duró varios años, estos jóvenes de Haití se han convertido en ministros presbiterianos Cumberland y han desarrollado iglesias presbiterianas Cumberland en Haití. El trabajo misionero presbiteriano Cumberland en Europa ha sido el resultado de seguir a presbiterianos Cumberland que emigraron de Colombia a Europa. Todos estos ejemplos dan fe del concepto de barrera baja (oportunismo). La iglesia ha podido moverse a través de conexiones relacionales donde las barreras idiomáticas y culturales son mínimas. La iglesia ha terminado en estos países y en otros, no porque fueran objetivos de la misión sino porque las conexiones relacionales han llevado a la iglesia a estos lugares.

> *La iglesia en una misión usa conexiones relacionales para guiar su ministerio.*

Según la teoría del oportunismo, el practicante de misiones va donde se le abren las puertas de la oportunidad del ministerio. Las relaciones llevan a la iglesia a nuevas oportunidades misioneras. La iglesia en una misión usa conexiones relacionales para guiar su ministerio. El concepto de oportunismo requiere que el misionero considere varias posibilidades y esté abierto a perseguirlas. Esto significa que tiene una contingencia para diferentes oportunidades. También significa que una vez que se identifica una oportunidad, el misionero (o agencia misionera) desarrolla planes sobre cómo aprovechar esas oportunidades. La base del oportunismo son las conexiones relacionales. La iglesia se conecta y se mueve hacia nuevas áreas a través de las relaciones. Esta comprensión explica los niveles de dificultad presentados por Ralph Winter. Las conexiones relacionales que tienen menos dificultades o menos obstáculos pueden abrir las puertas del ministerio para la iglesia y sus misioneros.

El concepto de oportunismo requiere que la agencia misionera y misionera sea de mente abierta y flexible. Esta estrategia utiliza las redes relacionales de la iglesia para avanzar hacia nuevas áreas de ministerio. Si la iglesia sigue sus oportunidades y sus conexiones relacionales, descubre un ministerio significativo.

El día de Pentecostés (Hechos 2) y el martirio de Esteban (Hechos 7) resultó en la expansión de seguidores judíos de Cristo a otros países alrededor del Mediterráneo (Hechos 11 y 13). Los caminos relacionales creados por la muerte de Esteban allanaron el camino para los viajes misioneros de la iglesia primitiva. Cuando los seguidores de Cristo huyeron de Jerusalén para encontrar seguridad de los escuadrones de la muerte, se trasladaron a otras ciudades alrededor del mar Mediterráneo (Hechos 8: 1, Hechos 11:19). Dios, como se ve en Hechos, usó a estos refugiados religiosos y sus conexiones relacionales que se desarrollaron en Israel como oportunidades para trasladar a los misioneros de la iglesia a nuevos lugares. Debido a que el martirio cristiano resultó en refugiados cristianos, estas conexiones relacionales llevaron el evangelio a ciudades y corazones gentiles alrededor del mundo.

3.6 Conclusión Sobre las Prácticas en las Misiones

La práctica de las misiones es relacional; atraviesa culturas para formar relaciones. Esas relaciones son la plataforma para el evangelio y la base para el discipulado. Además, la fe no es académica ni desapegada; es relacional. Los misioneros eficaces poseen herramientas que pueden usar para formar relaciones y ser el mensaje del evangelio para su comunidad.

El innovador método de conexión empuja a los misioneros a hacer cosas incómodas. Con demasiada frecuencia, a los misioneros les gusta asociarse con otros misioneros. Cuando llegan por primera vez al campo de misiones, se conectan rápidamente con sus compañeros misioneros y, desafortunadamente, se unen a ellos. La práctica de la conexión se basa en la dependencia. Según los Brewster, la conexión se puede utilizar como una herramienta de práctica misionera. Las escrituras nos muestran un ejemplo: los setenta y dos discípulos ministraron sin recursos materiales y dependían del "campo misionero" para recibirlos. Este método es la idea de conexión. El misionero se conecta con los nacionales al depender de ellos. Los Brewster explican que la adquisición del idioma y la cultura se puede realizar de forma relacional. Y al mismo tiempo, el misionero construye profundos lazos de relación con los nacionales. Estos vínculos relacionales enseñan el idioma y la cultura y brindan una oportunidad para que el misionero transmita el evangelio. La idea de la dependencia de los nacionales como práctica misional es desafiante, humillante y, a menudo, aterradora para los misioneros. El misionero es un aprendiz. El misionero, con un conocimiento limitado del idioma y la cultura, confía en lo desconocido. Dicho esto, no hay duda de que la dependencia de los nacionales abre rápidamente puertas de oportunidades. Estas oportunidades permiten al misionero conectarse relacionalmente (tener amigos) incluso cuando el lenguaje es limitado. Estas conexiones relacionales producen beneficios. Los misioneros dependientes y el evangelio que profesan pueden fluir hacia las vidas y culturas de quienes están en el campo de misiones.

Los líderes de misiones han comenzado a ver un nivel más profundo de contextualización. La práctica eficaz de las misiones es más que poner el evangelio en un contexto cultural. Los misioneros muestran respeto por los líderes nacionales al permitirles adaptar el evangelio a su cultura. Los misioneros obtienen el resultado inesperado de nuevas revelaciones acerca de Dios. Las misiones es una calle de doble sentido. El evangelio fluye del misionero al campo de misiones, y el campo de misiones descubre nuevas revelaciones de Dios. Esas revelaciones luego regresan al misionero y a su iglesia que envía a la misión. Vital para obtener estas nuevas revelaciones, el misionero practica la empatía con los nacionales. El misionero aspira a ir más allá de una apreciación comprensiva del campo misionero; el misionero aspira a ver las cosas como las ven los nacionales. Este entendimiento requiere el compromiso de vivir con paciencia y aprender de los nacionales. Este enfoque va más allá de la mera contextualización. La contextualización relacional es una práctica que lo cambia todo y aporta una comprensión profunda y nueva de Dios a toda la iglesia.

En la década de 1800, la iglesia se dio cuenta de la necesidad de darle a la iglesia del campo misionero el derecho a la autodeterminación. Este enfoque fue el comienzo de la renuncia al colonialismo. El primer golpe al muro de las formas coloniales de misiones fue el movimiento del "auto...", que abogó por que la iglesia del campo de misiones fuera autosuficiente, que se propagara a sí misma y se gobernara a sí misma también. Esta nueva perspectiva ayudó al misionero y a la iglesia emisora a tener un mayor aprecio por los nacionales y sus iglesias.

Los misioneros modernos quieren que la iglesia del campo misionero sea autónoma. Los misioneros y su iglesia/agencia de envío no sirven de nada si dominan y controlan a los nacionales en el campo de misiones.

Uno de los desafíos para las iglesias misioneras saludables de los últimos cincuenta años es la proliferación de equipos misioneros a corto plazo que indiscriminadamente ponen dinero y recursos en manos de los nacionales. Este método devuelve a la iglesia remitente al dominio colonial. Crea una iglesia de mendigos (lamentablemente, a menudo se convierten voluntariamente en mendigos) y los donantes los controlan. El concepto de dependencia mutua respeta a la iglesia nacional y sus líderes, pero promueve las conexiones relacionales como la forma de compartir recursos, tomar decisiones y tener responsabilidad. Los líderes nacionales, en un sistema relacional, determinan el mejor uso de los recursos. Cuando los misioneros (a corto y largo plazo) ignoran la importancia de utilizar la colaboración y la responsabilidad entre compañeros (junta, comité, asamblea) para determinar el mejor uso de los recursos, debilitan a la iglesia en el campo de misiones.

Como consecuencia no intencionada, el concepto de "auto..." aísla a la iglesia en silos culturales y nacionales. Separa a los "ricos" de los "pobres". El auto-movimiento no debería resultar en que la iglesia se desconecte y se quebrante a lo largo de líneas culturales, económicas y nacionales. Debe promover el respeto por los nacionales, y debe pedirle al misionero (ya la iglesia que envía) que se conecten al grupo/sistema en el campo misionero. El enfoque de dependencia mutua pone al misionero rico en recursos a la mesa con líderes nacionales como colaboradores, y el grupo toma las decisiones. Los misioneros son socios de los líderes nacionales. Por lo tanto, las denominaciones tienen la ventaja de un sistema (gobierno de la iglesia) que pueden usar para practicar la colaboración entre iguales. Las denominaciones (e incluso las agencias misioneras) deben incluir líderes nacionales del campo misionero en su sistema de toma de decisiones.

Formar una identidad grupal con un grupo de voluntarios no es una tarea fácil. Los misioneros rápidamente se dan cuenta de que están involucrados en diferentes niveles de formación grupal. Un error común, al utilizar un enfoque individualista occidental para la formación de grupos, es definir límites para el grupo. Las culturas individualistas a menudo tratan de encontrar la unidad, en el fundamento de la ley, en este enfoque. Sin embargo, es más probable que el enfoque de límites funcione con los estadounidenses que con los que se encuentran fuera de los EE. UU. La adquisición de la armonía como grupo es un desafío para todas las culturas.

Otro método de formación de grupos es establecer un enfoque central que atraiga a las personas a las conexiones relacionales. Al utilizar el enfoque de enfoque central, el misionero explora y determina temas motivadores y atractivos. Este enfoque implica comunicar y relacionar estos temas con las personas en el campo misionero. La unidad surge como resultado del movimiento hacia el enfoque central del grupo. Este enfoque permite flexibilidad; las personas pueden ser nuevas y sin experiencia, pero están entusiasmadas y avanzando hacia el enfoque central (o enfoques) del grupo. Su movimiento hacia el enfoque central determina su nivel de relación con el grupo. Puede que estén muy lejos del ideal que el grupo tiene en mente para las personas del grupo, pero el hecho de que estén en proceso y en movimiento les permite ser aceptadas. El concepto de enfoque central también permite que las personas formen parte de más de un grupo. Pueden estar en relación en su nivel cultural local y también pueden estar en relación a nivel global. Este concepto cree que una persona cambia a través de estas conexiones relacionales. La chispa que inicia el proceso es el enfoque central que atrae a cada persona al grupo, lo que lleva a la conexión relacional.

El concepto de oportunismo ofrece a los misioneros y a las iglesias emisoras una forma práctica de lograr sus objetivos. El oportunismo se basa en un modelo de caza, que busca las puertas de la oportunidad. El cazador va a los campos y bosques y cosecha cualquier situación que se presente. Por tanto, el cazador es flexible y atento. Una vez que el cazador encuentra una oportunidad obvia, usa la habilidad y la planificación para lograr el objetivo final.

La mayoría de los líderes de las iglesias occidentales surgen de un modelo de ministerio campesino. Planifican, plantan, cultivan, administran y, con el tiempo, obtienen un resultado predecible. Este modelo de agricultor funciona, pero no es apropiado para todas las situaciones.

La idea de Ralph Winter de utilizar conexiones relacionales con menos barreras como una forma de encontrar un camino hacia el ministerio habla del concepto de oportunismo. El misionero va donde se encuentran las oportunidades. Los misioneros pueden tener preferencias sobre a dónde quieren ir y qué tipo de ministerio quieren hacer, pero deben ser abiertos y flexibles hacia donde los llevan las conexiones relacionales. Las oportunidades son la manera en que Dios guía a los misioneros hacia donde Dios quiere que se realice el ministerio.

3.7 Preguntas para Reflexionar

- ¿Cómo las conexiones relacionales enseñan el idioma y la

cultura? ¿Por qué la conexión es estresante?

- ¿Cuáles son algunas de las teorías de contextualización que involucran conexiones relacionales? ¿Cómo puede la contextualización relacional beneficiar al misionero y al campo misionero?
- ¿Cuál es el concepto de dependencia mutua y cómo funciona en el contexto de las misiones? ¿Cuáles son algunos de los desafíos que enfrentan las misiones hoy con control/dominio o el otro extremo del aislamiento cultural?
- Paul Hiebert presenta dos formas de formar un grupo. Explique la diferencia entre grupos de límites y grupos foco centrados. ¿Cómo puede un grupo focal centrado beneficiar a una iglesia global que busca relaciones interculturales?
- ¿Cuál es la idea básica detrás del "oportunismo" como estrategia para las misiones? ¿Cuál es la diferencia entre cómo trabajan los agricultores y cómo trabajan los cazadores? Si las misiones se basan en el enfoque del cazador, ¿qué papel juegan las conexiones relacionales con respecto a las misiones?

BIBLIOGRAFIA

Allen, Roland. 1960. *Missionary Methods, St Paul's or Ours?* Fifth. London: World Dominion Press.

Artemi, Eirini. 2017. "The Term Perichoresis from Cappadocian Fathers to Maximus Confessor." *International Journal of European Studies* 1 (1): 21–29.

Augustine. 2014. *On the Trinity*. Kindle edition. Aeterna Press.

Barth, Karl, and Keith L Johnson. 2019. *The Essential Karl Barth: A Reader and Commentary*. Kindle edition. Grand Rapids, Mich.: Baker Academic.

Basilius of Caesarea. 1895. *On the Holy Spirit*. Digital. 2nd. Buffalo, NY: Christian Literatue Publishing. newadvent.org/fathers.

Bennett, Milton J. 2013. *Basic Concepts of Intercultural Communication: Paradigms, Principles, & Practice*. Second Edition. Boston: Intercultural Press, A Nicholas Brealey Pub. Company.

Boff, Leonardo. 2000. *Holy Trinity, Perfect Community*. Translated by Phillip Berryman. Reprint edition. Maryknoll, N.Y: Orbis Books.

Bosch, David Jacobus. 2011. *Transforming Mission: Paradigm Shifts in Theology of Mission*. Twentieth anniversary ed, Kindle edition. American Society of Missiology Series, no. 16. Maryknoll, N.Y: Orbis Books.

Branson, Mark Lau, and Juan Francisco Martínez. 2011. *Churches, Cultures & Leadership: A Practical Theology of Congregations and Ethnicities*. Downers Grove, Ill: IVP Academic.

Brewster, Thomas, and Elizabeth Brewster. 1981. *Language Learning & Mission*. Pasadena, Calif: Lingua House.

Brewster, Tom, and Betty Sue Brewster. 1976. *Language Acquisition Made Practical: Field Methods for Language Learners*. Colorado Springs: Lingua House.

Brewster, Tom, Betty Sue Brewster, Tom Brewster, and Betty Sue Brewster. 1982. *Bonding and the Missionary Task: Establishing a*

Sense of Belonging. Third. Pasadena, Calif.: Lingua House Ministries.

Carley, William, and Andy Pasztor. 1999. "Korean Air Tries to Fix A Dismal Safety Record." *The Wall Street Journal*, July 7, 1999. https://www.wsj.com/articles/SB931315627291710896.

Cavanaugh, William T. 1998. *Torture and Eucharist: Theology, Politics, and the Body of Christ*. 1 edition. Oxford, UK; Malden, Mass: Wiley-Blackwell.

Chester, Tim. 2005. *Delighting in the Trinity*. Grand Rapids, Michigan: Monarch Books, Kindle edition.

Davis, Leo Donald. 1988. *The First Seven Ecumenical Councils*. Collegeville, Minn: Michael Glazier.

DeVillers, Carole. 1983. "What Future for the Wayana Indians?" *National Geographic Magazine*, January 1983.

Dodds, Adam. 2017. *The Mission of The Triune God: Trinitarian Missiology in The Tradition of Lesslie Newbigin*. Kindle edition. Eugene, Oregon: Pickwick Publications.

Douglas, Mary. 2007. "A History of Grid and Group Cultural Theory." In . University of Toronto. http://projects.chass.utoronto.ca/semiotics/cyber/douglas1.pdf.

Douglas, Mary, and Richard Fardon. 2013. *Cultures and Crises: Understanding Risk and Resolution*. Los Angeles: SAGE.

Elizondo, Virgilio P. 1975. *Christianity and Culture: An Introduction to Pastoral Theology and Ministry for the Bicultural Community*. Huntington, Ind: Our Sunday Visitor, inc.

Gaillardetz, Richard R. 2008. *Ecclesiology for a Global Church: A People Called and Sent*. Theology in Global Perspective. Maryknoll, N.Y: Orbis Books.

Glasser, Arthur F, Charles E Van Engen, Dean S Gilliland, and Shawn B Redford. 2003. *Announcing the Kingdom - The Story of God's Mission in the Bible*. Grand Rapids, Michigan: Baker Academic.

Guder, Darrell L. 2000. *The Continuing Conversion of the Church*. Seventh Impression edition. Grand Rapids, Mich: Eerdmans.

Gutierrez, Gustavo. 1988. *A Theology of Liberation: History, Politics, and Salvation*. Translated by Caridad Inda and John Eagleson. Revised edition. Maryknoll, N.Y: Orbis Books.

Harper, Brad, and Paul Louis Metzger. 2009. *Exploring Ecclesiology: An Evangelical and Ecumenical Introduction*. Grand Rapids, Mich.: Brazos Press, Kindle edition.

Herman Bavinck. 1992. "The Catholicity of Christianity and the Church." *Calvin Theological Journal 27:2*, 220–51.

Hesselgrave, David J., and Edward Rommen. 2000. *Contextualization: Meanings, Methods, and Models*. Pasadena, Calif: William Carey Library.

Hiebert, Paul G. 1987. "Critical Contextualization." *International Bulletin of Missionary Research* 11 (3): 104–12.

———. 1994. *Anthropological Reflections on Missiological Issues*. Grand Rapids, Mich.: Baker Books.

Hiebert, Paul G. 2008. *Transforming Worldviews: An Anthropological Understanding of How People Change*. 4.1.2008 edition. Grand Rapids, Mich: Baker Academic.

Hofstede, Geert, Gert Jan Hofstede, and Michael Minkov. 2010. *Cultures and Organizations: Software of the Mind*. Third edition, Kindle edition. McGraw-Hill Education.

Kärkkäinen, Veli-Matti. 2002. *An Introduction to Ecclesiology: Ecumenical, Historical & Global Perspectives*. 9/15/02 edition. Downers Grove, Ill: IVP Academic.

Kenzo, Mabiala. 2010. "Karl Rahner - the Trinity: Book Review." *Hermit Brother, Universal Church Universal Mission* (blog). October 14, 2010. hermitbrother.blogspot.com/2010/10/karl rahner trinity book review.

Kraft, Charles H. 1973. "Dynamic Equivalence Churches: An Ethnotheological Approach to Indigeneity." *Missiology* 1 (1): 41–57.

Kraft, Charles H. 2016. *Issues in Contextualization*. Kindle edition. Pasadena: William Carey Library.

Law, Eric H. F. 1993. *The Wolf Shall Dwell With the Lamb: A Spirituality for Leadership in a Multicultural Community*. St. Louis, Mo.: Chalice Press.

Lee, Michael. 2007. "ASSESSMENT OF PAUL HIEBERT'S CENTERED-SET APPROACH TO THE CATEGORY "CHRISTIAN'." Dallas, Texas: Dallas Theological Seminary.

Lingenfelter, Sherwood G. 1998. *Transforming Culture: A Challenge for Christian Mission*. 2 edition. Grand Rapids, Mich: Baker Academic.

———. 2008. *Leading Cross-Culturally: Covenant Relationships for Effective Christian Leadership*. Grand Rapids: Baker Academic.

Livermore, David A. 2009. *Cultural Intelligence: Improving Your CQ to Engage Our Multicultural World*. Grand Rapids, Mich.: Baker Academic.

McConnell, Douglas. 2018. *Cultural Insights for Christian Leaders: New Directions for Organizations Serving God's Mission*. Kindle edition. Mission in Global Community. Grand Rapids: Baker Publishing Group.

McGavran, Donald A., and C. Peter Wagner. 1990. *Understanding Church Growth*. 3rd ed. Grand Rapids, Mich: W.B. Eerdmans.

McGrath, Alister E., ed. 1995. *The Christian Theology Reader*. Reprint. Oxford: Blackwell.

Miles, Delos. 1981. *Church Growth, a Mighty River*. Nashville, Tenn: Broadman Press.

Moon, W. Jay. 2017. *Intercultural Discipleship: Learning from Global Approaches to Spiritual Formation*. Kindle edition. Grand Rapids, Mich: Baker Academic, Kindle Edition.

Moreau, A. Scott, Susan Greener, and Evvy Hay Campbell. 2014. *Effective Intercultural Communication (Encountering Mission): A Christian Perspective*. Kindle edition. Grand Rapids, Mich.: Baker Academic.

Newbigin, Lesslie. 1989. *The Gospel in Pluralistic Society*. Grand Rapids, Mich: Eerdmans.

———. 1995. *The Open Secret: An Introduction to the Theology of Mission*. Rev. ed, Kindle edition. Grand Rapids, Mich: W.B. Eerdmans.

———. 2006. *Trinitarian Doctrine for Today's Mission*. Eugene, OR: Wipf & Stock Publishers.

Newbigin, Lesslie, and Paul Weston. 2006. *Lesslie Newbigin: Missionary Theologian: A Reader*. First Edition, First Printing edition, Kindle edition. Grand Rapids, Mich: William B. Eerdmans Publishing Company.

Nida, Eugene A. 1974. *Understanding Latin Americans: With Special Reference to Religious Values and Movements*. South Pasadena, Calif.: William Carey Library.

Nida, Eugene A. 1977. *Customs and Cultures*. Pasadena, Calif.: Willaim Carey Library.

Ott, Craig, and Harold A Netland. 2006. *Globalizing Theology: Belief and Practice in an Era of World Christianity*. Grand Rapids, Mich.: Baker Academic.

Ott, Craig, Stephen J Strauss, and Timothy C Tennent. 2010. *Encountering Theology of Mission: Biblical Foundations, Historical Developments, and Contemporary Issues*. Grand Rapids, Mich.: Baker Academic.

Paas, Stefan. 2016. *Church Planting in the Secular West: Learning from the European Experience*. The Gospel and Our Culture Series. Grand Rapids, Michigan: William B. Eerdmans Publishing Company.

Peterson, Brooks. 2004. *Cultural Intelligence: A Guide to Working With People From Other Cultures*. Kindle edition. Yarmouth, Mich.: Intercultural Press.

Pierson, Paul. 2009. *The Dynamics of Christian Mission, History Through a Missiological Perspective*. Kindle edition. Pasadena, Calif.: William Carey Library.

Piper, John. 2010. *Let the Nations Be Glad! The Supremacy of God in Missions*. 3rd ed. Grand Rapids, Mich: Baker Academic.

Pocock, Michael, Gailyn Van Rheenen, and Douglas McConnell. 2005. *The Changing Face of World Missions: Engaging Contemporary Issues and Trends.* Grand Rapids: Baker Pub. Group, Kindle Edition. http://site.ebrary.com/id/11057127.

"Proceedings of the General Conference of Protestant Missionaries in Japan." 1901. Tokyo: Methodist Publishing House.

Rahner, Karl. 1997. *The Trinity*. New York: Crossroad Pub.

Richardson, Don. 2005. *Peace Child*. 4th ed. Ventura, Calif: Regal Books.

Shaw, R Daniel. 2010. "Beyond Contextualization: Toward a Twenty-First Century Model for Enabling Mission." *International Bulletin of Missionary Research* 34 (4): 208.

Shenk, Wilbert. 1981. "Rufus Anderson and Henry Venn: A Special Relationship." *International Bulletin of Missionary Research* 5 (4): 168–72.

Skreslet, Stanley H. 2012. *Comprehending Mission: The Questions, Methods, Themes, Problems, and Prospects of Missiology*. Maryknoll, N.Y.: Orbis Books.

Smedes, Lewis B., and Fuller Theological Seminary, eds. 1987. *Ministry and The Miraculous: A Case Study at Fuller Theological Seminary*. Waco, Tex: Word Books.

Sundkler, Bengt Gustaf Malcolm. 1970. *Bantu Prophets in South Africa*. 2. ed., repr. London: Oxford Univ. Press.

Terry, John Mark, Ebbie C. Smith, and Justice Anderson, eds. 1998. *Missiology: An Introduction to the Foundations, History, and*

Strategies of World Missions. Nashville, Tenn: Broadman & Holman Publishers.

Thomas, David C., and Kerr C. Inkson. 2017. *Cultural Intelligence: Surviving and Thriving in the Global Village*. 3 edition. Oakland: Berrett-Koehler Publishers.

Tertullian. 2016. *Tertullian,* Kindle edition. Acterna Press.

Thompson, Michael, Richard J. Ellis, and Aaron B. Wildavsky. 1990. *Cultural Theory*. Political Cultures. Boulder, Colo.: Westview Press.

Van Dyk, Leanne. 2007. "The Church in Evangelical Theology and Practice." In *The Cambridge Companion to Evangelical Theology:*, 125–42. Cambridge: Cambridge University Press. https://www.cambridge.org/core/books/the-cambridge-companion-to-evangelical-theology/the-church-in-evangelical-theology-and-practice/185BAA94576330DFBAF822168C6C71A6.

Wagner, C. Peter. 1987. *Strategies for Church Growth: Tools for Effective Mission and Evangelism*. Ventura, Calif., U.S.A: Regal Books.

———. 1994. *The Acts of the Holy Spirit Series: A New Look at Acts--God's Training Manual for Every Christian*. Ventura, Calif: Regal Books.

Walls, Andrew. 2006. *The Missionary Movement in Christian History: Studies in the Transmission of Faith*. Rev. Maryknoll, New York: Orbis.

Winter, Ralph D., Steven C. Hawthorne, Darrell R. Dorr, D. Bruce Graham, and Bruce A. Koch, eds. 2009. *Perspectives on the World Christian Movement: A Reader*. 4th ed. Pasadena, Calif: William Carey Library.

Wrogemann, Henning. 2016. *Intercultural Theology: Intercultural Hermeneutics*. Translated by Karl E. Böhmer. Kindle edition. Downers Grove: IVP Academic.

www.ingramcontent.com/pod-product-compliance
Lightning Source LLC
LaVergne TN
LVHW090953080826
845145LV00003B/991

* 9 7 8 1 9 4 5 9 2 9 2 9 8 *